AF377775

FACULTÉ DE DROIT DE PARIS.

THÈSE

POUR LE DOCTORAT

PRÉSENTÉE

PAR

E. F. T. WIART.

PARIS

IMPRIMÉ PAR E. THUNOT ET Cⁱᵉ,

RUE RACINE, 26, PRÈS DE L'ODÉON.

—

1858

THÈSE
POUR LE DOCTORAT.

L'ACTE PUBLIC SUR LES MATIÈRES CI-APRÈS SERA SOUTENU

le jeudi 25 mars 1858, à 11 heures.

PAR

E. F. T. WIART.

Président : M. DE VALROGER, *professeur.*

Suffragants :
MM. PELLAT.
VALETTE.
BONNIER.
professeurs.
BATBIE.
suppléant.

Le candidat répondra en outre aux questions qui lui seront faites sur les autres matières de l'enseignement.

PARIS

IMPRIMÉ PAR E. THUNOT ET Cᵉ,

RUE RACINE, 26, PRÈS DE L'ODÉON.

1858

A MON PÈRE, A MA MÈRE.

DE L'ACCESSION.

Avant d'étudier les règles du droit romain et du droit français sur la matière de l'accession, il faut préciser l'étendue de cette matière, en indiquer les divisions et poser les principes qui la régissent. C'est ce que nous allons tâcher de faire.

Un corps m'appartient ; qu'il s'accroisse, qu'il s'amoindrisse, qu'il se transforme, il continue de m'appartenir tel qu'il est, sa transformation fût-elle assez radicale pour qu'on pût dire que c'est une autre chose, soit au point de vue de ses propriétés physiques, soit au point de vue de sa destination, de l'usage que l'homme peut en tirer. Ainsi je suis propriétaire d'un cheval ; il meurt : ce n'est plus un cheval, c'est une masse de matière inerte, et pourtant j'en demeure propriétaire ; d'une maison ; elle s'écroule : ce n'est plus une maison, c'est un tas de décombres, et pourtant j'en demeure propriétaire.

Cependant, quelque absolu que ce principe puisse paraître, il n'est pas sans exception, et serait faux si quelques restrictions n'y étaient apportées. Quelles sont ces restrictions? La réponse à cette question est la matière dite de l'accession.

Première restriction. — Supposons qu'un fil (d'or, de soie, de pourpre) appartenant à Titius, soit employé à broder mon habit, que les matériaux de Titius soient employés à la réparation de ma maison. Essayons d'appliquer le principe que nous venons d'énoncer, il nous donnera les résultats suivants : je reste propriétaire de l'habit et de la maison sans devenir propriétaire de la broderie ou des matériaux ; Titius est propriétaire de la broderie et des matériaux, sans être propriétaire de l'habit ni de la maison. Mais, dans l'état actuel des choses, il est impossible de tirer aucun usage de l'habit sans user en même temps de la broderie, et réciproquement ; aucun usage de la maison sans user en même temps des matériaux, et réciproquement. Dans chacune des deux hypothèses, mon droit se trouve paralysé, neutralisé par celui de Titius, et réciproquement ; chacun de nous n'a, en définitive, qu'un droit purement vain, puisqu'il ne peut l'exercer sans violer celui d'autrui. Or le premier axiome, c'est qu'il n'y a pas de droit sans intérêt ; l'application rigoureuse de notre principe aux deux hypothèses que nous avons choisies aboutit donc à un non-sens, puisqu'il aboutit à un droit sans utilité possible ; il y a donc nécessité absolue d'y faire exception et de régler d'une autre manière les hypothèses dont il s'agit, nécessité qui se retrouvera dans toutes les législations qui admettent le droit de propriété, et partant notre principe qui en est un élément essentiel. Notre question appartient donc à la partie proprement scientifique du droit.

Cette question ainsi posée, comment la résoudre? Prenons d'abord l'hypothèse du fil d'or brodé sur l'habit. La broderie et l'habit sont indissolublement unis, et par conséquent ont cessé d'être susceptibles chacun d'une destination indépendante. Il n'y a pas, pour qui veut s'en servir, un habit et une broderie ; il y a un habit brodé, il y a une seule chose ; comment en régler la propriété ? Qui préférer. Titius ou moi ? Lequel est le plus juste, c'est-à-dire le plus conforme à l'intérêt bien entendu de chacun de nous ? Car cette question, comme toute question de législation, revient à peser deux intérêts contraires, et à préférer le plus considérable. Les deux intérêts opposés sont ici de même nature ; chacun aspire à conserver sa propriété ; mais on reconnaît aussitôt, entre la situation des deux personnes, une différence frappante : l'habit, en s'ornant d'une broderie, est resté un habit, il a conservé la même destination ; au contraire, le fil qui a servi à le broder et qui était propre à mille usages divers ne peut plus servir maintenant que comme ornement de l'habit ; sa destination est à jamais fixée, et par conséquent changée. Donc, en m'attribuant l'habit brodé, on m'attribue une chose essentiellement analogue à celle dont j'étais primitivement propriétaire, et que j'avais sans doute intérêt à conserver. En l'attribuant à Titius, on lui attribuerait une chose essentiellement différente de celle qu'il possédait primitivement, une chose dont rien ne nous autorise à présumer qu'il ait un besoin particulier ; je dois donc être préféré à Titius , je dois être propriétaire de l'habit brodé, sauf à l'indemniser pour la valeur de la broderie.

Prenons maintenant l'hypothèse de la maison réparée avec les matériaux de Titius. Ici il n'y a pas union physiquement indissoluble ; il serait possible d'extraire les matériaux de la maison, fallût-il pour cela la démolir ; mais cette rigueur serait gravement préjudiciable à l'intérêt du propriétaire de la maison aussi bien qu'à un intérêt économique général ; les choses doivent donc rester dans l'état où elles sont : la difficulté est, dès lors, la même que dans l'hypothèse précédente, et, par les mêmes motifs, elle doit être résolue en faveur du propriétaire de l'immeuble.

Nous pouvons tirer de là le principe suivant : Une chose étant formée par la réunion de deux choses qui appartenaient à des propriétaires différents, et la séparation étant physiquement et moralement impossible, si la chose résultant de la réunion est identique, dans sa destination, à une seule des deux choses, primitivement distinctes, qui la composent, elle doit être attribuée en totalité au propriétaire de celle-ci. En appelant cette chose la chose principale, et l'autre la chose accessoire, le principe peut se formuler ainsi : le propriétaire de la chose principale est propriétaire du tout : *accessio cedit principali.* Il doit régir toutes les hypothèses analogues à celles que nous avons examinées, toutes les hypothèses qu'on réunit généralement sous le nom d'adjonction.

Deuxième restriction. — Mon vin a été mélangé avec celui de Titius, mon froment confondu avec le sien de manière qu'il soit impossible de les distinguer. Il n'y a plus deux choses distinctes, susceptibles chacune d'un usage indépendant; il n'y a plus qu'une seule masse dont il faut régler la propriété. Mais ici nous ne trouvons entre la situation des deux propriétaires qui ont apporté chacun un élément à la formation de la masse totale aucune différence essentielle ; rien n'indique que l'un des deux ait un intérêt tout particulier à être déclaré propriétaire du tout. Dès lors, puisque la masse est partageable sans inconvénient, le parti le plus juste est évidemment de la déclarer commune, en se réglant, pour fixer la part de chacun, sur l'importance de l'élément fourni par lui à la masse totale. Telle est la solution applicable au mélange, soit des liquides, soit des solides.

Troisième restriction. — Un statuaire s'empare d'un bloc de marbre qui m'appartient, et en fait une statue. Ici, la chose dont j'étais propriétaire subsiste bien, et subsiste comme une chose distincte et susceptible d'un usage indépendant. Le principe que nous avons énoncé en commençant semblerait donc devoir être appliqué, mais il se trouve en contradiction avec un autre principe non moins évident, quoique plus élevé et moins matériel : c'est que tout homme qui, par son industrie, a transformé une chose de manière à la douer de propriétés nouvelles et à en augmenter la valeur, a droit à cette création de son art. Lequel des deux principes doit l'emporter? lequel des deux intérêts opposés, celui de l'artiste et celui du propriétaire, doit être préféré? C'est une question qu'il faudra résoudre, en tenant compte surtout de la valeur comparative de la matière employée et du travail qui l'a transformée; si elle est résolue en faveur de l'artiste, cette décision constitue une nouvelle exception au principe que nous avons posé en commençant. Cet exemple suffit pour donner une idée des différentes hypothèses réunies sous le nom de spécification.

On voit quel lien unit ces trois matières de l'adjonction, du mélange et de la spécification; toutes trois constituent des exceptions au principe que chacun doit conserver la propriété de sa chose, quelque modification qu'elle ait subie, exceptions rendues nécessaires par la contradiction de ce principe, soit avec lui-même, soit avec un autre principe non moins fondamental. Elles forment ainsi une matière dont l'étendue et les principales divisions nous sont maintenant connues. Il nous reste à en tracer brièvement l'histoire, à rappeler ce qu'ont fait les jurisconsultes romains et nos anciens auteurs pour la définir et la nommer.

Une chose frappe aussitôt, lorsqu'on l'étudie dans les jurisconsultes romains, c'est l'absence de systématisation : rien sur le plan général de la matière, sur ses principales divisions, sur les principes qui doivent régir chacune d'elles. Aux Instituts de Gaïus comme aux Instituts de Justinien, dans ces ouvrages élémentaires, destinés à contenir les généralités plutôt que les détails, on se borne, en examinant les différents modes d'acquisition de la propriété dans le droit naturel ou des gens, à indiquer un certain nombre de cas qui se rattachent à l'idée de l'accession. Au Digeste, aucun des textes relatifs à cette matière ne porte la trace d'une tentative faite pour la systématiser. Il faut reconnaître pourtant que, dans les principaux foyers de la matière, nous y trouvons les hypothèses qui y rentrent traitées l'une à côté de l'autre, par un instinct bien évident de leur analogie.

Tel est l'état dans lequel les jurisconsultes romains nous ont laissé cette théorie. Qu'en ont fait les commentateurs qui s'en sont occupés, depuis les glossateurs Bologne jusqu'à Pothier?

D'abord ils lui ont donné un nom. Les textes romains leur fournissaient à chaque instant les expressions suivantes : *œdificium solo, purpura vestimento, litteræ chartis cedunt*, etc. Voulant ramener toutes ces décisions à une formule générale, ils ont emprunté à la loi 19, § 13, *De auro, argento*, etc., *legatis* ces trois mots : *accessio cedat principali*. Cette formule adoptée, ils en ont tiré le nom même de la matière, qu'ils ont appelée matière de l'accession, sans remarquer que ce nom, comme le brocart d'où il est tiré, ne s'applique qu'à l'adjonction, et non au mélange ou à la spécification. Dans l'adjonction seulement, il y a une chose principale et une chose accessoire, il y a une chose qui accède à une autre, s'y incorpore et s'y absorbe juridiquement; mais comme l'adjonction est la partie la plus importante de la matière, celle qui exige le plus de développements, et qui, en effet, en a reçu le plus dans le *corpus juris*, on s'est habitué à la considérer comme la partie essentielle, et on y a rattaché les autres comme des corollaires beaucoup moins importants, qu'on a cru pouvoir comprendre sous la même dénomination.

La matière ainsi nommée, quelle étendue lui a-t-on

attribuée? On y a renfermé toutes les questions dont nous avons tracé le programme en y ajoutant la matière de l'acquisition des fruits et celle des accroissements qui peuvent résulter pour un champ du voisinage d'un fleuve ou d'une rivière (1).

Ces deux matières devaient-elles logiquement y être comprises? En d'autres termes présentent-elles avec les trois matières de l'adjonction, du mélange et de la spécification une analogie suffisante pour qu'on doive les réunir sous une même dénomination?

Pour l'acquisition des fruits, on admet généralement que non, et l'on critique la classification de Pothier et du Code en faisant remarquer qu'il n'y a aucune analogie entre le propriétaire qui gagne les fruits produits par sa chose, et celui qui acquiert, par suite de son agrégation à la sienne, une chose primitivement distincte de celle-ci et appartenant à autrui. Quand une pomme tombe de mon arbre et qu'elle m'est acquise comme une chose distincte, il y a, comme on l'a dit, plutôt discession qu'accession. Cette critique est d'une justesse évidente, si la définition que nous avons donnée de l'accession est vraie ; car, bien loin d'être une exception au principe que chacun reste propriétaire de sa chose, quelque transformation qu'elle subisse, l'acqui-

---

(1) En indiquant ainsi l'étendue que nos anciens auteurs donnent à l'accession, je sais que je n'exprime pas un résultat universellement admis par tous les auteurs. C'est ainsi que Doneau, dans ses *Commentarii de jure civili*, traite à part de la spécification, puis distingue entre la *fœtura* et l'*accessio*, c'est-à-dire rejette hors de l'accession la matière de l'acquisition des fruits. Mais j'adopte ici la division admise par les rédacteurs du Code et qu'avant eux Pothier pose de la manière la plus affirmative comme un résultat définitivement acquis à la science.

sition des fruits n'en est, au contraire, qu'une application immédiate. Il paraît donc certain qu'en la faisant rentrer dans l'accession, nos anciens auteurs ont été séduits par une analogie purement nominale. Frappés de cette idée que les fruits sont un accessoire de la chose frugifère, ils ont cru pouvoir considérer leur acquisition comme une conséquence du principe : *accessio cedat principali*, et par suite comme une portion de la matière à laquelle ils avaient donné le nom d'accession. Il y a là une erreur de méthode dont on s'accorde généralement à faire la critique. Nous en profiterons pour rejeter de cette thèse, déjà longue, la question de l'acquisition des fruits.

On paraît au contraire admettre généralement comme des cas d'accession véritable les diverses hypothèses dans lesquelles le propriétaire d'un champ riverain gagne une portion du lit abandonné par les eaux. Cette idée ne me paraît pourtant pas rigoureusement vraie. On peut dire sans doute que l'alluvion, que le lit desséché sont des accessoires relativement au champ auquel ils sont attribués; mais ce n'est là, nous venons de le voir, qu'un pur argument de mots : il n'est pas plus décisif en cette matière que dans celle de l'acquisition des fruits. On peut ajouter qu'ici il y a réellement attribution au riverain d'une chose qui ne lui appartenait pas, et qui lui est acquise *vi ac potestate rei suæ;* cela est vrai, mais cela ne suffit pas, à mon avis, pour établir une analogie complète avec les cas d'accession proprement dite. Dans ces cas, en effet, nous avons constamment rencontré une nécessité absolue de déroger au principe que chacun conserve la propriété de la chose tant que cette chose existe matériellement ; dans l'adjonction notamment, celui des trois cas d'accession qui présente évidemment le plus d'analogie avec la matière dont nous parlons en ce moment, nous avons vu la chose principale et la chose accessoire réunies en une seule chose, absorbées dans une union d'où résulte, pour chacune d'elles, l'impossibilité d'une destination indépendante. Or, quand une île formée dans le courant d'une rivière, quand le lit desséché d'une rivière sont attribués au propriétaire riverain, cela ne résulte nullement d'une nécessité de ce genre : l'État est propriétaire du lit, le riverain du champ contigu ; il n'y a pas impossibilité absolue de laisser à chacun sa propriété. Ce champ riverain n'est pas confondu avec l'île ou le lit desséché de manière que le propriétaire de l'un doive être nécessairement propriétaire de l'autre ; il reste deux choses distinctes, susceptibles chacune d'un usage et d'un droit indépendant. Si l'on donne au riverain la propriété de l'île ou du lit desséché, c'est que, par des considérations d'utilité, par le désir de compenser les inconvénients qu'a pu ou pourra avoir pour lui le voisinage de la rivière, l'État consent à se dessaisir à son profit d'une propriété qu'il pourrait conserver. Il y a là moins un cas d'accession proprement dite qu'une sorte d'attribution de la propriété *lege*. Au surplus, après avoir fait ces réserves que l'exactitude des idées me paraît rendre nécessaires, je ne trouve aucun inconvénient à traiter à côté de la matière de l'accession cette matière qui présente avec elle une assez grande analogie.

DROIT ROMAIN.

Après ces notions préliminaires, j'aborde l'étude du droit romain, et je commence par m'occuper des hypothèses qui se rattachent à l'idée d'adjonction.

Pour comprendre la solution qu'en donnent les jurisconsultes romains, il est indispensable de connaître les principes de la *vindicatio* et de l'action *ad exhibendum.*

La *vindicatio* est une action réelle, civile, arbitraire, qui sert à faire reconnaître le droit de propriété et dont l'*intentio* est celle-ci : *si paret rem Auli Agerii esse.* Elle entraîne, du moins suivant l'opinion la plus commune sur l'effet des actions arbitraires, l'exécution *manu militari*, et, à défaut de restitution, condamnation *quanti actoris interest*, si le défendeur est de bonne foi, avec *juramentum in litem*, s'il est de mauvaise foi. Pour en être tenu, il suffit, sans parler de celui *qui dolo malo desiit possidere*, d'être détenteur, fût-ce à titre précaire, de la chose qui en est l'objet; mais il faut évidemment, c'est la première des conditions, que la chose subsiste : *extinctæ res vindicari non possunt.* Ce principe n'eût été que l'expression d'une vérité trop évidente, si on l'eût entendu simplement en ce sens que la chose ne doit pas avoir entièrement péri ; mais on lui attribua une signification plus étendue en admettant que la chose devait être considérée comme *extincta* lorsque, subsistant matériellement, elle avait cessé d'avoir une existence, une destination distincte, indépendante. Dans ce cas, le droit du propriétaire était paralysé, mais non éteint ; il trouvait le moyen de le faire revivre dans une action personnelle, civile (1), arbitraire, avec exécution *manu militari*, et, en cas de mauvaise foi, *juramentum in litem*, l'action *ad exhibendum*, instituée en faveur de ceux qui ont un intérêt avouable et fondé sur un droit probable (*justa et probabilis causa*) à exiger qu'une chose leur soit exhibée, présentée. Le propriétaire dont la chose avait perdu son individualité, son existence indépendante, intentait pour la lui faire rendre l'action *ad exhibendum*, et, ce résultat obtenu, il pouvait la revendiquer.

Appliquons ces principes au cas d'adjonction : *accessio cedit principali ;* la chose accessoire n'est plus qu'une portion de la chose principale ; elle a perdu toute individualité propre ; elle ne peut plus être revendiquée ; mais son propriétaire peut intenter l'action *ad exhibendum* si la séparation est possible, et, la séparation opérée, agir par la *vindicatio*. Si la séparation est impossible, son droit se trouvera à jamais éteint. Ainsi, la séparation est-elle possible, l'accession n'est que provisoire ; la séparation est-elle impossible, l'acces-

---

(1) Du moins c'est l'opinion la plus commune.

sion est définitive. Nous verrons en outre qu'il y a des cas où la séparation, physiquement possible, ne l'est pas légalement, parce que de graves intérêts publics et privés empêchent qu'on ne puisse l'exiger ; dans ces cas encore, l'accession est définitive. Nous aurons ainsi à étudier parmi les hypothèses indiquées par les jurisconsultes romains, 1° celles où la séparation est possible, 2° celles où elle est publiquement ou légalement impossible. Abordons immédiatement notre premier point.

Nous trouvons à ce sujet le principe suivant écrit dans la loi **23, § 5,** *De rei vindicatione* de Paul (col. 392) : *Quæcumque aliis juncta sive adjecta accessionis loco cedunt, ea, quamdiu cohærent, dominus vindicare non potest, sed ad exhibendum agere potest ut separentur et tunc vindicentur.* Nous voyons ce principe appliqué au cas du *brachium statuæ plumbatura junctum* (ibid.), de la *gemma alieno auro inclusa, vel sigillum candelabro* (1. 6 *ad exhib.* col. 487) de la *rota alieno vehiculo aptata* (ibid. 1. 7, § 1), et enfin à l'hypothèse où une personne a cousu sur son vêtement une bande de pourpre appartenant à autrui, *alienam purpuram vestimento suo intexuit :* on applique alors le principe posé par Ulpien dans la loi **19, § 13,** *De auro, argento,* etc., *legatis* (col. 1059), à savoir que, *quum quærimus quid cui cedat, illud spectamus quid cujus rei ornandæ causâ adhibetur,* et l'on décide que la pourpre a accédé au vêtement ; *licet pretiosior est purpura accessionis vice cedit vestimento* (Inst. *De rer divis.,* § 26). Mais l'ancien propriétaire de la pourpre peut intenter l'action *ad exhibendum* pour la faire détacher (1. 7, § 2, *ad exhib.,* col. 488). Si la pourpre a été volée, on a contre le voleur l'action *furti* et la *condictio furtiva*. On ne pourrait évidemment pas soutenir que celle-ci est éteinte par l'adjonction, sous prétexte que, par ce fait, la pourpre a péri, et que *debitor rei certœ ejus interitu liberatur;* si la pourpre est considérée comme *extincta*, c'est uniquement au point de vue de la *vindicatio*, et non des actions personnelles dont elle pourrait être l'objet : ce qui le prouve, c'est que l'action *ad exhibendum* naît précisément de l'adjonction : l'objection ne serait donc nullement fondée. Pourtant les rédacteurs des Institutes, dans le § 26, paraissent préocupés d'y répondre sans la formuler ; car, après avoir accordé au propriétaire de la pourpre volée la *condictio furtiva*, ils ajoutent : *nam extinctœ res, licet vindicari non possint, condici tamen a furibus et a quibusdam possessoribus possunt.* L'observation est inutile à l'explication de la décision donnée, mais elle est juste en elle-même : le principe *debitor rei certœ ejus interitu liberatur*, cesse de s'appliquer lorsque le débiteur est *in mora*, et il est *in mora*, indépendamment de toute interpellation ou convention, lorsqu'il est de mauvaise foi ; ce principe est consacré spécialement, quant à la *condictio furtiva*, par la loi 8, § 1, *De condict. furt.* (col. 585). Deux autres textes, la loi 20 au même titre et la loi 46, *princ. De privatis delictis*, donnent la même décision : elles prouvent d'ailleurs qu'on ne les considérait pas comme au-dessus de toute controverse.

On voit, par ce que nous venons de dire, quels sont les *quidam possessores* dont parle le § 26, *De divis. rer.*, aux Institutes. Au lieu de *quibusdam*, Cujas et après lui plusieurs commentateurs avaient proposé de lire :

quibusque. Mais cette correction tout arbitraire a été entièrement démentie par la découverte des commentaires de Gaïus, qui portent également le mot *quibusdam.* La leçon de Cujas, si elle était adoptée, créerait d'ailleurs une difficulté au lieu de la lever : il n'est pas vrai que la chose qui a péri puisse être l'objet d'une *condictio* contre tous possesseurs, mais seulement contre certains possesseurs, ceux qui sont *in morâ.*

Nous avons épuisé les hypothèses d'adjonction dans lesquelles la séparation est possible. Arrivons à celles où elle est impossible, soit physiquement, soit légalement, où l'accession est, par conséquent, définitive.

La plus importante est celle où un édifice a été construit sur le terrain d'une personne avec les matériaux d'une autre ; voyons d'abord, en théorie pure, comment il conviendrait de la régler.

Une première solution consisterait à autoriser le propriétaire des matériaux à en exiger la démolition. Elle doit être tout d'abord écartée par des considérations économiques qu'il est inutile de développer : presque toujours un édifice a une valeur très-supérieure à celle des matériaux dont il est composé ; exiger la démolition, ce serait faire disparaître cette augmentation de valeur au préjudice du constructeur et de la société elle-même.

Il faut donc laisser subsister l'édifice. Dès lors comment en régler la propriété? D'après les principes que nous avons exposés en commençant cette thèse, la question se ramène à ces termes : Y a-t-il, dans ces faits, un cas d'adjonction ou un cas de spécification?

Cette dernière opinion peut paraître assez plausible

au premier abord : il y avait un terrain et des matériaux ; de tout cela on a fait un édifice ; n'y a-t-il pas
lieu là création d'une *nova species?* N'est-ce pas comme
si d'un bloc de marbre on avait fait une statue ; si, avec
du miel et du vin, on avait composé du *mulsum ?* Telle
n'est pourtant pas la solution adoptée soit par le droit
romain, soit par le droit français : pour l'une comme
pour l'autre des deux législations, il y a là un cas d'adjonction dans lequel on considère les matériaux comme
la chose accessoire, le sol comme la chose principale ;
de là le principe : *œdificium solo cedit.* Le sol, en se
couvrant de constructions, n'est pas devenu une *nova
species ;* il a reçu un accroissement, un ornement qui
en modifie la destination sans la changer radicalement,
qui en fait une chose meilleure sans en faire une
chose nouvelle. C'est qu'en effet, lorsqu'un bloc de
marbre est transformé en statue, cette transformation
est pour lui définitive ; s'il est détruit en tant que statue, si par exemple il est brisé, il ne redeviendra pas
ce qu'il était auparavant ; lorsqu'une certaine quantité
de vin et de miel devient du *mulsum*, la transformation
est également définitive ; on le consommera ou on le
laissera gâter : jamais il ne redeviendra du vin et du
miel. Au contraire, quelque transformation qu'on fasse
subir à un terrain, il n'en sera jamais ainsi : un champ
servait à la culture, on le couvre de constructions ; sa
destination est changée pour quelques années ; mais il
n'y a là qu'une modification temporaire, et par conséquent superficielle ; un jour, dans quelques années,
dans cent ans, fût-ce dans mille, la construction
disparaîtra, et il restera un terrain qui deviendra un

champ, puis une prairie, puis un vignoble. Tel est le caractère du bien foncier : par opposition au bien mobilier, il peut revêtir mille formes successives, servir à mille destinations diverses sans qu'aucune d'elles en épuisé l'utilité. Couvrez-le de constructions, de plantations; vous le modifiez, vous ne le transformez pas radicalement. Pour la propriété foncière, il n'y a pas de spécification (1).

Ces considérations démontrent à la fois, et que notre hypothèse est un cas d'adjonction, et que le sol doit être considéré comme la chose principale, puisqu'il est celle dont la destination reste essentiellement la même.

Telles sont, je crois, les idées sur lesquelles repose véritablement le principe : *œdificium solo cedit.* La plupart des auteurs l'acceptent comme un axiome, sans essayer de le ramener à des notions plus générales. Doneau et Pothier paraissent néanmoins s'être préoccupés de le justifier, et ils ont invoqué pour cela une raison qui leur parait décisive, et qui, par conséquent, mérite l'examen. Doneau (lib. 4, ch. 32, § 5) s'occupe de notre hypothèse et d'autres analogues comme celles de la *scriptura alienæ chartæ*, de la *pictura alienæ tabulæ imposita*, et il s'exprime en ces termes : *De omnibus una hæc definitio est conveniens*

---

(1) Il est intéressant de rappeler ici un passage de Doneau où l'ingénieux auteur fait ressortir l'analogie qu'on pourrait trouver entre l'hypothèse dont nous parlons et les hypothèses de spécification, et démontre en même temps que les jurisconsultes romains n'ont pas adopté cette manière de voir, qu'ils n'ont pas soumis notre hypothèse aux règles générales de la spécification. (V. Doneau, *Comm. de jure civili*, t. I, lib. 4, ch. 33, § 1.)

naturæ, ut, quæ res in hac conjunctione per se consis-tere possit sine ea quæ imponitur, ea sit præstantior; quæ autem accedit, quæque sine illa esse non potest, sit inferior, quam proinde æquum sit superiori parte ce-dere. Après avoir posé ce principe, il aborde spécia-lement notre hypothèse et se demande *cur area sit ædificio præstantior.* Or voici la raison qu'il donne : *Area per se consistit, nec, ut sit, ædificio indiget, quippe quæ et ante ædificium fuit, et, imposito ædificio, quamvis diruatur ædificium postea, nihilominus eadem futura est. Ædificium autem sine area esse non potest, nec ab initio quum inchoatur, nec postea quum semel exstructum fuerit.*

Pothier, dans le commentaire du titre *De acqui-rendo rerum dominio,* admet la même idée, et, se demandant comment on peut, dans les divers cas d'adjonction, déterminer la chose principale et la chose accessoire, il donne comme première règle la formule suivante : *Quum duæ res ita coalescunt ut una possit seorsim sine alia subsistere, et altera non possit, hæc quæ potest seorsim subsistere res principa-lis est, altera accessoria.* Comme applications de ce principe, il cite les décisions : *ædificium, plantæ solo, scriptura chartæ, pictura tabulæ cedit.* Ainsi, pour Po-thier, si le sol est la chose principale, c'est qu'il peut exister sans l'édifice ; si l'édifice est la chose acces-soire, c'est qu'il ne peut exister sans le sol. C'est la même idée que nous avons trouvée dans Doneau.

Cette idée n'est pourtant pas exacte. Je ferai re-marquer d'abord qu'il ne faut pas ainsi poser la question entre le propriétaire du sol et celui de l'édifice, mais entre le propriétaire du sol et celui des matériaux, l'édifice n'étant que le résultat de leur réunion. Dès lors, s'il est vrai que l'édifice ne peut exister sans le sol, il est tout aussi vrai qu'il ne peut exister sans les matériaux ; chacun des deux propriétaires a apporté à la création un élément également essentiel ; aucun des deux ne mérite, à ce point de vue, d'être préféré à l'autre. Autant en dirai-je au cas du tableau peint *in aliena tabula*. Le tableau ne peut exister sans la *tabula*, mais il ne peut exister sans les couleurs. La question posée dans ses véritables termes, le prétendu motif présenté comme décisif par Doneau et Pothier s'évanouit si bien qu'il devient impossible de le formuler. Mais au moins, peut-on dire, le sol a dû exister d'abord avant qu'on lui imposât les matériaux : il est donc, dans la création de l'édifice, l'élément primordial. Soit : mais est-ce un motif suffisant de préférer son propriétaire ? Je ne le crois pas : on pourrait dire également que le premier élément dans la confection d'une statue, c'est le marbre. Est-ce un motif suffisant pour l'attribuer toujours au propriétaire du bloc dont elle est sortie ? En aucune façon ; Doneau et Pothier eux-mêmes ne le pensent pas. L'argument, présenté de cette manière, n'est donc pas plus sérieux, et je crois qu'on peut, sans hésiter, condamner le raisonnement des deux illustres auteurs comme reposant sur une pure distinction de mots.

J'ai essayé d'expliquer et de justifier, en pure théorie, le principe : *Ædificium solo cedit;* je vais maintenant en étudier l'application en droit romain.

Je prends d'abord l'hypothèse où une personne a construit sur son terrain avec les matériaux d'autrui. *Ædificium solo cedit;* le propriétaire des matériaux ne peut donc plus les revendiquer; mais il pourrait, d'après les principes, intenter l'action *ad exhibendum* et exiger la démolition. Mais la loi 7, § 10, *De acq. rer. dom.*, et la loi 6, *ad exhibendum*, nous apprennent que cette action lui était refusée *propter legem Duodecim Tabularum*. En effet, un fragment connu de la *tabula sexta* est ainsi conçu : *Tignum junctum ædibus vineæque et concapet ne solvito.* Elle avait pourvu ainsi, comme le remarque la loi 1 *princ. de tigno juncto*, aux intérêts de la ville en empêchant que les édifices ne fussent abattus, à ceux des champs en refusant le droit de faire arracher les bois employés à la culture des vignes.

Quel recours a donc le propriétaire des matériaux pour se faire indemniser? Les Douze Tables lui attribuent l'action *in duplum* dite action *de tigno juncto*. La plupart des auteurs paraissent admettre que cette action s'applique seulement dans le cas du *tignum furtivum*, dans le cas où les matériaux employés ont été volés; hors de ce cas, le propriétaire des matériaux n'aurait eu qu'une simple action *in factum* (1). On peut invoquer en faveur de cette doctrine la loi 1 *princ. de tigno juncto* d'Ulpien (col. 1555), laquelle est ainsi conçue : *Lex Duodecim Tabularum neque solvere permittit tignum furtivum ædibus vel vineis junctum, neque vindicare... sed in eum qui convictus est junxisse in*

---

(1) Telle était l'opinion d'Hotoman et de Cujas; telle est aussi celle de M. Pellat (*De la propriété et de l'usufruit*, p. 216).

duplum dat actionem. Il semble bien ressortir de ce texte que la loi décemvirale ne parlait que du *tignum furti-vum.* Telles pouvaient être, en effet, ses expressions ; mais je ne puis croire qu'elles doivent être entendues dans leur sens rigoureux ; je pense, au contraire, que le législateur des Douze Tables n'a entendu viser que le cas le plus saillant, celui qui attire le plus particuliè-remènt l'attention et auquel on songe tout d'abord, celui où on a volé les matériaux avant de les employer, mais que sa décision doit être étendue à tous les cas de *tignum alienum œdibus junctum.* Je trouve une rai-son de le penser dans le texte même que je viens de citer : la loi des Douze Tables contient deux disposi-tions, celle qui défend au propriétaire des matériaux d'en exiger la représentation, et celle qui donne l'ac-tion *in duplum de tigno juncto.* Or c'est en parlant de la première qu'Ulpien emploie l'expression de *tignum furtivum;* si on l'entend dans un sens rigoureux, il faut en conclure que la défense faite au propriétaire des matériaux d'en exiger la démolition ne doit s'appli-quer qu'au cas où ces matériaux ont été volés, et non pas aux cas où ils auraient pu être employés de bonne foi, ce qui est manifestement absurde. J'en conclus que l'expression de *tignum furtivum* ne doit pas être prise à la lettre, et que les deux dispositions que le texte d'Ulpien paraît présenter comme inséparables, comme devant toujours s'appliquer concurremment, s'étendent à toutes les hypothèses d'un *tignum alienum œdibus junctum.* Telles sont, en effet, les expressions générales que nous trouvons écrites sans restriction dans le § 27, *De divis rer.* aux Institutes, dans la loi 7,

§ 10, *De acq. rer. dom.*, et dans la loi 23, § 6, *De rei vindicatione.*

La loi 63, *De donat. inter virum et uxorem* (col. 783) pourrait sembler contraire à cette doctrine. On y suppose qu'à la connaissance de la femme des matériaux qui lui appartenaient ont été employés sur l'immeuble du mari, et l'on décide qu'elle ne peut pas agir *in duplum ex lege Duodecim Tabularum; neque enim furtivum est quod sciente domino inclusum est.* En présence de ce texte, on pourrait raisonner ainsi : Voilà un cas de *tignum alienum œdibus junctum ;* pour savoir si l'action *de tigno juncto* doit être accordée, le jurisconsulte se demande s'il y a vol ; il se répond négativement, et en conséquence il refuse l'action. Le vol est donc pour lui une condition essentielle de l'action. L'argument ne serait pas bien fondé. Il est évident que, dans l'espèce, non-seulement la femme a eu connaissance de l'emploi de ses matériaux, mais elle y a consenti tacitement ; c'est là ce que le jurisconsulte entend par l'emploi fait *sciente domino ;* sans quoi il ne serait nullement fondé à dire que cette hypothèse exclut essentiellement l'idée de vol. Dès lors il n'y a plus accession, il y a un état de choses constitué par la volonté, au moins tacite, des parties, et la phrase que nous avons citée signifie simplement : il n'y a pas lieu de considérer ici le *tignum* comme *furtivum* dans le sens de la loi des Douze Tables, et de donner par conséquent à son propriétaire l'action *de tigno juncto;* pourquoi? Parce qu'ici c'est la volonté des parties qui fait loi, parce qu'il n'y a pas lieu à appliquer les dispositions légales, ni pour régler l'indemnité, ni pour empêcher la démolition. Je crois donc que ce texte, bien entendu, se concilie parfaitement avec la doctrine que j'adopte. Il en est de même de la loi 98, *De solut.* (col. 1523), qui déclare que la loi des Douze Tables autorise la *vindicatio* après la séparation, mais que, pendant la jonction, *tignum solvi prohibuit, pretiumque ejus dari voluit.* Ces derniers mots sembleraient indiquer qu'en principe l'indemnité est de la valeur réelle des matériaux et non du double de cette valeur, que par conséquent le double n'est dû que dans le cas exceptionnel de vol. Mais, en raisonnant ainsi, on aurait le tort d'attacher beaucoup trop d'importance à un mot sur lequel n'a pu se porter l'attention principale du jurisconsulte, dont la préoccupation évidente est, non pas de déterminer le *quantum* de l'indemnité, mais de poser en principe qu'au lieu de la *vindicatio*, il n'y a lieu qu'à une action purement indemnitaire.

L'action *de tigno juncto*, dans le cas où le propriétaire du terrain et le constructeur sont deux personnes différentes, est donnée contre le second, contre celui *qui convictus est junxisse,* comme dit la loi 1, *princ.*, *De tigno juncto.* La décision contraire ferait supporter au propriétaire les conséquences d'un délit qui lui serait étranger ; elle est donc insoutenable, même en présence du § 29, *De divis. rer.*, aux Institutes, qui paraîtrait lui être favorable, mais qui se réfère évidemment au cas le plus ordinaire, celui où le propriétaire est en même temps le constructeur.

Le propriétaire qui n'a pas construit n'est pas tenu de l'action *de tigno juncto;* mais comme, en définitive, il ne doit pas s'enrichir aux dépens d'autrui, le propriétaire des matériaux aurait une action *in factum,* qui pourrait lui être utile si le constructeur était insolvable ou absent.

Si la jonction était opérée par un esclave, l'action *de tigno juncto,* comme toutes celles qui résultent d'un délit, pourrait être intentée *noxaliter* contre son maître, qui devrait y satisfaire ou faire abandon noxal de son esclave.

Mais si elle a été opérée par un mandataire, l'action est-elle donnée contre lui ou contre le mandant? La question doit se résoudre par une distinction : si le mandataire a reçu simplement mandat de construire une maison, il a commis, en employant les matériaux d'autrui, un délit dont il est seul responsable ; il n'a même pas de recours contre son mandant par l'action *mandati contraria*, car, en commettant un délit, il n'était pas dans les termes de son mandat ; il aura une simple action *in factum quatenus dominus locupletior factus est.* La même décision devrait être appliquée au cas de gestion d'affaires. Au contraire, si le mandat était de construire avec les matériaux qui ont été employés, le mandant est, sinon matériellement, du moins moralement auteur de la jonction, et doit être tenu de l'action *de tigno juncto.*

Si le constructeur est de mauvaise foi, il est tenu, outre l'action *de tigno juncto,* de l'action *ad exhibendum quasi dolo malo desierit possidere,* tenu par conséquent, non pas d'exhiber les matériaux, mais d'indemniser le propriétaire *quanti ejus intererat exhiberi.* C'est ce que déclarent la loi 1, § 2, *De tigno juncto,* d'Ulpien, et la loi 23, § 6, de Paul, *De rei vindicatione.* Ces deux textes nous disent que les deux actions coexistent, et n'apportent à cette déclaration aucune restriction. Le premier notamment, après avoir accordé l'action *de tigno juncto*, ajoute : *Sed et ad exhibendum danda est actio ; neque enim parci oportet ei qui sciens alienam rem ædificio inclusit vinxitve...* Il semble bien résulter de ces expressions qu'en donnant l'action *ad exhibendum* on aggrave la position du défendeur, ce qui n'est vrai que si les deux actions peuvent se cumuler. Or, pour qu'il en soit ainsi, il faut considérer l'action *de tigno juncto* comme purement pénale ; si elle était mixte, elle ne pourrait être intentée après l'action *ad exhibendum*, que *de eo quod amplius continet* (V. 1. 34, § 2, *De oblig. et act.*, col. 1456). Et pourtant cette même action est donnée seule dans le cas de bonne foi : elle n'est donc pas alors purement pénale, et nous sommes ainsi conduits à ce singulier résultat qu'elle change de caractère suivant qu'elle est donnée contre un possesseur de bonne ou de mauvaise foi ; que, mixte dans le premier cas, elle devient purement pénale dans le second.

Supposons maintenant que les matériaux aient été volés, et d'abord qu'ils aient été volés par le constructeur. Le propriétaire aura contre lui l'action *ad exhibendum* et la *condictio furtiva*, qui, étant toutes deux *rei persecutoriæ*, ne pourront se cumuler. Il aura en outre l'action *de tigno juncto in duplum*, et l'action *furti, in duplum* ou *in quadruplum*. Ces deux actions, toutes deux pénales, pourront-elles se cumuler ? L'affirmative ne peut pas faire de doute : les deux actions résultent de deux faits séparés constituant chacun un délit, le vol, qui donne lieu à l'action *furti*, la jonction, qui donne lieu à l'action *de tigno juncto*: or *nunquam plura delicta concurrentia faciunt ut ullius impunitas consequatur: neque enim delictum ob aliud delictum minuit pœnam* (l. 2, princ., *De priv. delictis*, col. 1537).

Si le voleur était une autre personne que le constructeur, la même décision s'appliquerait *à fortiori*.

Telles sont les actions données, tant que subsiste l'édifice, au propriétaire des matériaux employés à le construire sur un sol étranger. Mais supposons l'édifice détruit : alors les matériaux, revenus *ad pristinam speciem*, peuvent être vendiqués par lui, à moins qu'il ne se soit fait indemniser de leur valeur (Instit., *De divis. rer.*, § 29, *in fine*). Encore si le constructeur les avait volés, et que le propriétaire eût négligé d'intenter l'action *furti*, il pourrait vendiquer les matériaux en imputant sur la peine du vol l'indemnité qu'il a reçue (V. l. 2, *De tigno juncto*). Il le pourrait, quelque temps qu'eût duré la construction ; car, pendant ce temps, le propriétaire de l'édifice n'est pas considéré comme possesseur des matériaux à fin de les usucaper, parce qu'il ne les possède pas *tanquam res singulas et separatas ab œdificio* (V. l. 23, § 2, *De usurp. et usucap.*, col. 1354 ; l. 7, § 11, *De acq. rer. dom.*, et l. 59, *De rei vindic.*).

De ce qu'après la démolition la *vindicatio* est donnée au propriétaire des matériaux, faut-il conclure qu'il ne peut plus intenter l'action *de tigno juncto?* En aucune façon : le délit qui donne lieu à cette action n'en a pas moins été commis, et il est impossible qu'un fait quelconque puisse anéantir rétroactivement l'action qui en est résultée. Seulement, comme dans le cas où le constructeur est de bonne foi, cette action est mixte, elle ne pourra être intentée après la *vindicatio* que *de eo quod amplius continet.*

Ceci tranche négativement une question qui a été controversée, celle de savoir si le constructeur pourrait se soustraire à l'action *de tigno juncto* en démolissant et en restituant les matériaux. Doneau (*Comm. de jure civili*, t. 1, lib. 4, ch. 33, § 9) a soutenu l'affirmative par un argument du texte tiré du § 29, *De divis. rer.*, et de la loi 7, § 10, *De acq. rer. dom.* Ces deux textes déclarent que dans la loi des Douze Tables *cavetur ne quis tignum alienum ædibus junctum eximere cogatur.* Ainsi, dit Doneau, le propriétaire n'est pas forcé d'opérer la séparation. Dire cela n'est-ce pas sous-entendre par *à contrario* qu'il est libre de le faire? L'argument n'est pas concluant. La préoccupation bien évidente qui ressort de ces deux textes, c'est de constater que le propriétaire des matériaux n'a pas l'action *ad exhibendum*, qu'il ne peut exiger la démolition. Mais cette démolition, le propriétaire du sol peut-il la faire pour éviter les poursuites? C'est une autre question à laquelle nos deux textes n'ont évidemment pas pour but de répondre. L'argument de texte invoqué par Doneau n'a donc pas de portée. On en a cherché un, en faveur de la doctrine contraire, dans le texte même des Douze Tables : *tignum ne solvito.* La loi, a-t-on dit, ne défend pas seulement d'exiger la démolition, elle défend de démolir. Cet argument est encore moins sérieux que le précédent; on sent d'abord combien il est dangereux d'interpréter d'une manière aussi rigoureuse un texte barbare comme celui dc la loi décemvirale ; et d'ailleurs cette interprétation aboutit ici à un résultat évidemment inadmissible. Comment comprendre que le propriétaire d'un édifice soit enchaîné dans l'exercice de son droit, qu'il ne puisse démolir une maison qui lui appartient? La question ne peut donc pas être résolue d'après les textes, mais d'après les principes, qui sont décisifs en faveur de la négative.

La démolition n'a pas toujours pour effet de rendre la *vindicatio* au propriétaire des matériaux qui n'a pas reçu d'indemnité. La loi 43, *De rei vindicatione*, fait exception à cette décision pour le cas où le sol sur lequel on a construit était religieux : *Quæ religiosis adhærent religiosa sunt, et ideo nec lapides inædificati, postquam remoti sunt, vindicari possunt; in factum autem actione petitori extra ordinem subvenitur ut is qui hoc fecit restituere eos compellatur.* Cette décision ne s'applique évidemment qu'au cas où les pierres sont devenues, par l'effet de la construction, choses religieuses; aussi la seconde phrase de cette même loi décide que si le tombeau avait été construit et que les pierres en eussent été détachées avant l'inhumation (*nondum functo monumento*), leur ancien propriétaire pourrait les vendiquer (1).

---

(1) Cette décision que les pierres, dès qu'elles sont devenues religieuses, ne peuvent plus être vendiquées, même après la démolition, est-elle bien logique? Je ne le crois pas : pourquoi le caractère religieux ne s'effacerait-il pas retroactivement par l'effet de la démolition, comme disparait, dans le cas d'un édifice privé, le droit de propriété qu'avait sur eux, tant qu'ils en ont fait partie, le propriétaire de l'édifice? Ou, pour parler plus exactement le langage des jurisconsultes romains, pourquoi n'aurait-on pas admis que l'édifice est religieux, mais que les matériaux, en tan que *res singulæ*, ne le sont pas?

Tant que subsiste l'édifice construit *in religioso solo*, le propriétaire des matériaux a contre le constructeur les actions ordinaires, l'action *de tigno juncto*, en tout cas, et de plus, l'action *ad exhibendum* s'il y a eu mauvaise foi. Ceci me paraît résulter des principes de ces deux actions, et je ne crois pas qu'il faille recourir à une action *in factum*, comme le décide M. Pellat (*De la propriété et de l'usufruit*, p. 289).

Ce que nous venons de dire du sol religieux doit être étendu sans difficulté au sol saint ou sacré.

Nous avons épuisé toutes les questions relatives au cas où une personne a bâti sur son terrain ou sur le terrain d'autrui avec des matériaux qui ne lui appartenaient pas. Abordons maintenant le cas inverse, celui où une personne a bâti avec ses matériaux sur le terrain d'autrui.

Il faut distinguer d'abord si elle a été de bonne ou de mauvaise foi, si elle a cru bâtir sur son terrain ou si elle a su que ce terrain ne lui appartenait pas. Arrêtons-nous à la première de ces deux hypothèses.

Le propriétaire du sol est devenu propriétaire de l'édifice ; le constructeur ne pourrait revendiquer les matériaux qu'en cas de démolition. Pas de difficulté sur ce point : mais tant que subsiste l'édifice, comment peut-il se faire indemniser ? Ici nous avons à faire une nouvelle distinction, suivant qu'il est ou non en possession de l'édifice.

S'il est en possession, le propriétaire du sol, pour l'évincer, est obligé d'intenter contre lui la *vindicatio :* alors il peut être écarté par l'exception de dol, *nisi solvat pretium materiæ et mercedes fabrorum*, dit le

§ 30, *De divis. rer.*, aux Institutes. Cette formule n'est pas bien exacte. Pour être exempt de tout dol, il suffit au propriétaire de ne pas s'enrichir aux dépens du constructeur, et, pour ne pas s'enrichir aux dépens du constructeur, il suffit de l'indemniser soit de ses dépenses, soit de la plus-value seulement, si elle est inférieure aux dépenses. Telle est la décision qu'il faut adopter sans hésitation, malgré le texte des Institutes et de la loi 7, § 12, *De acq. rer. dom.* Nous le trouvons consacré par la loi 38, *De rei vindic.*, de Celsus.

Quel sera l'effet de cette exception de dol si le propriétaire refuse de payer soit la plus-value, soit les dépenses, ou même de donner caution à ce sujet? La même loi 38, *De rei vindic.*, répond à cette question en ces termes : *nisi reddat (dominus) quantum reddi oportere diximus, eo deducto, tu condemnandus es.* Ainsi, suivant Celsus, l'exception ne doit pas avoir pour effet l'absolution du possesseur, mais seulement la réduction de sa condamnation. Cette décision semble contraire aux principes : l'effet d'une exception, comme le dit Gaïus (Comm, 4, § 119), c'est de rendre la condamnation conditionnelle. Le sens naturel de la formule est d'exiger, comme condition nécessaire de la condamnation : 1° que l'*intentio* soit vérifiée ; 2° que l'exception ne le soit pas. La loi 22, *princ.*, *De exceptionibus* (col. 1437), nous dit bien que l'exception *est conditio quæ modo eximit reum damnatione, minuit modo damnationem ;* mais la rédaction de la formule doit servir de guide pour distinguer ces deux classes d'exceptions, et l'on ne doit ranger dans la seconde que celles qui, comme le bénéfice de compétence, s'insèrent dans la *condemnatio.* Or il n'en est pas ainsi de l'exception de dol : la formule de la *vindicatio* avec exception de dol est celle-ci : *Si paret rem Auli Agerii esse, et nihil in ea re dolo malo Auli Agerii factum sit neque fiat, condemna ; si non paret, absolve.* Comment admettre que cela signifie : si la chose appartient à Aulius Agerius, vous condamnerez, sauf à réduire *ex æquo et bono* le montant de la condamnation ?

Personne ne peut méconnaître la force de cette argumentation ; je la crois même parfaitement vraie, au point de vue des principes rigoureux de l'ancien droit romain. Mais ces principes n'ont-ils pas été adoucis par les nécessités de la pratique ? Les tendances d'une jurisprudence plus éclairée n'ont-elles pas dû lutter ici, comme en mille autres circonstances, contre les exigences d'un formalisme étroit ? On est porté à le croire quand on voit quelles en étaient les conséquences pratiques. Ainsi, dans l'hypothèse dont nous parlons , n'est-il pas bien étrange que l'obstination du propriétaire à ne pas vouloir indemniser le possesseur, oblige le juge à méconnaître son droit de propriété et à le dépouiller en réalité de ce qui lui appartient, au lieu de faire à chacun sa part, et de donner au propriétaire sa chose, au possesseur l'indemnité qui lui est due ? Et lorsqu'on admit que le créancier qui agit sans tenir compte des dettes dont lui-même est tenu envers son débiteur peut être repoussé par l'exception de dol, put-on accepter sans répugnance l'idée que l'oubli d'une dette, peut-être infime , entraînerait pour lui la déchéance complète de ses droits ? Cette conséquence rigoureuse, on l'avait admise, il est vrai, contre les *argentarii;* mais c'est qu'ils étaient soumis, dans cette matière de la compensation, à des règles toutes spéciales. Bien avant que l'exception de dol fût admise dans les ac- tions de droit strict, pour faire valoir la compensation, celle-ci avait lieu pour les créances des *argentarii*, et avait lieu *ipso jure ;* on comprend fort bien, en effet, qu'ils fussent astreints à une exactitude scrupuleuse dans leurs comptes, que leur profession rendît toute erreur inexcusable de leur part, comme on comprend que chez nous les commerçants soient obligés de tenir compte de leurs opérations dans des registres spé- ciaux. Mais qu'une déchéance si rigoureuse fût admise en droit commun comme conséquence de la plus lé- gère erreur, c'est ce qu'on a peine à croire; et, quand on trouve un texte, comme la loi 38 *De rei vindica- tione*, qui, dans une hypothèse importante, décide formellement le contraire, on est bien autorisé à pen- ser que la raison et l'expérience ont triomphé des subtilités d'une théorie étroite et injuste. Mais par quel moyen détourné a-t-on pu la faire fléchir? On a présenté, à ce sujet, une explication qui ne me paraît, je l'avoue, avoir d'autre valeur que celle d'une conjec- ture plausible. La loi 42, *De donat. mortis causa,* présente une hypothèse compliquée dont nous n'avons pas à examiner les détails, et, après avoir accordé l'exception de dol à l'une des parties qu'elle met en scène, elle ajoute : *bonœ autem fidei judicio consti- tuto,* etc... La traduction la plus acceptable qu'on ait proposée de ces mots est celle-ci : l'action étant ainsi devenue une action de bonne foi. Il semble donc que ıé jurisconsulte admette en principe qu'une action dans laquelle est insérée l'exception de dol devient par là même une action de bonne foi, que les pouvoirs du juge n'ont plus d'autre limite que l'équité. Si cela était vrai, il en résulterait évidemment que, dans l'hypothèse de la compensation, il devrait se contenter de l'opérer, s'il y a lieu ; que, dans notre hypothèse, il devrait simplement réduire la condamnation. Telle est peut-être la solution la plus plausible de cette question, l'une des plus douteuses assurément que soulève l'étude du droit romain. Il faut reconnaître pourtant qu'un texte formel tiré des Sentences de Paul (lib. 2, t. 5, § 3.) consacre, pour la compensation, la solution contraire en des termes qui paraissent aussi précis que ceux de notre loi 38, *De rei vindicatione*. *Compensare vel deducere debes*, dit le jurisconsulte ; *si totum petas, plus petendo causa cadis.*

Quoi qu'il en soit, le possesseur peut, au moyen de l'exception de dol, se faire tenir compte, soit de ses dépenses, soit au moins de la plus-value. Mais s'il a perçu des fruits, doit-on lui en tenir compte et les précompter sur la somme qu'il a ainsi le droit de réclamer ? Voyons d'abord quelle devrait être, en principe, la solution donnée à cette question. On ne s'accorde pas sur l'étendue de la faveur accordée, dans la législation antéjustinianéenne, au possesseur de bonne foi. Gagnait-il tous les fruits ? Était-il seulement dispensé de restituer ceux qu'il avait consommés ? Les avis sont partagés. Sans examiner cette question, qui ne rentre pas dans mon sujet, je dirai seulement que la première opinion me paraît préférable ; au surplus, quoi qu'il en soit à cet égard, le motif de la faveur accordée au possesseur de bonne foi ne peut être douteux ; c'est (tous les jurisconsultes sont unanimes à le reconnaître) que les fruits sont des revenus généralement consacrés à être dépensés ; qu'en les consommant le possesseur de bonne foi a fait une chose parfaitement naturelle, et qu'en le forçant à les restituer plus tard, on ordonnerait souvent sa ruine, sans qu'il y eût de sa part d'autre tort qu'une erreur peut-être inévitable. S'il en est ainsi, la question que nous nous sommes posée est résolue ; si le possesseur a fait des dépenses usufructuaires, il doit les supporter, car elles sont la charge naturelle des fruits qu'il a gagnés ; mais s'il a fait des dépenses d'une autre nature, on ne peut, sans inconséquence, imputer sur l'indemnité qu'il peut réclamer à ce sujet la valeur des fruits qu'il a perçus : ce serait lui retirer d'une main ce qu'on lui donne de l'autre ; ce serait déjouer tous les calculs de sa prudence ; car, en faisant ces dépenses, il a cru augmenter son capital, et, par conséquent, il a dû les prendre sur le capital. La seule solution logique et raisonnable, c'est donc de ne pas imputer les fruits sur l'indemnité à laquelle donnent droit les dépenses non usufructuaires.

Telle n'est pourtant pas la solution des jurisconsultes romains. La loi 48, *De rei vindic.* de Papinien, pose en principe la solution contraire en déclarant que *sumptus a bonæ fidei possessore facti exceptione doli opposita servantur,* SCILICET *si fructuum ante litem contestatam perceptorum summam excedant ; etenim* ADMISSA COMPENSATIONE, SUPERFLUUM SUMPTUM , *meliore prædio facto*, *dominus restituere cogetur*. Le même jurisconsulte fait application de ce principe dans la loi 1, § 4, *De pignoribus* (col. 681), au cas de donation d'un immeuble faite par une femme à son mari et révoquée plus tard à la suite de travaux d'amélioration faits par celui-ci, et dans la loi 42, § 1, *Soluto matrimonio* (col. 792), à celui d'un esclave qui s'est marié, et, ayant reçu un immeuble en dot, y a fait des dépenses nécessaires ou utiles : le mariage se trouvant nul, l'immeuble ne lui a jamais appartenu, et Papinien décide qu'on ne doit lui tenir compte de ses impenses que *ad finem superflui, compensatis fructibus perceptis.* La loi 37, *De hered. petit.* d'Ulpien, semble donner la même solution ; mais en la rapprochant du dernier paragraphe de la loi précédente, il est facile de se convaincre qu'elle s'applique uniquement aux dépenses usufructuaires.

La solution que nous venons de voir consacrée par trois textes différents paraît, au contraire, rejetée par la loi 65, *princ., De rei vindic.*, dont la rédaction assez compliquée laisse pourtant entrevoir d'une manière certaine la décision que les fruits ne se compensent qu'avec les dépenses usufructuaires. L'hypothèse est celle-ci : un fonds a été hypothéqué par son propriétaire comme garantie du capital et des intérêts d'une dette par lui contractée : une personne s'en empare et le vend à un tiers de bonne foi ; celui-ci, actionné par le créancier hypothécaire, prend le parti, pour conserver le fonds, de payer la dette entière, capital et intérêts. Plus tard, le véritable propriétaire revendique contre lui ; il oppose l'exception de dol en réclamant : 1° la somme qu'il a payée et qui se composait de capital et d'intérêts ; 2° les intérêts de cette somme depuis le payement jusqu'à la *litiscontestatio*. Mais il a perçu des fruits : doit-on les imputer sur ce qu'il réclame ? L'affirmative est évidente dans la doctrine que nous avons trouvée jusqu'ici dans les textes ; telle n'est pourtant pas la décision du jurisconsulte : *Emptor*, dit-il, *non aliter restituere domino cogetur quam si pecuniam creditori ejus solutam usurarumque medii tempore superfluum receperaverit, si minus in fructibus ante litem perceptis fuit ;* c'est-à-dire l'acheteur peut réclamer: 1° la somme qu'il a payéé; 2° l'excédant des intérêts de cette somme sur les fruits par lui perçus, Telle est l'interprétation naturelle de ses expressions, puisqu'il parle sans restriction de la somme primitive, *pecunia*, et n'emploie que relativement aux intérêts l'expression de *superfluum* (excédant), ce qui démontre que c'est à ces derniers seulement qu'il faut appliquer la condition : *si minus in fructibus ante litem perceptis fuit.* Si l'on pouvait en douter, le jurisconsulte se charge de dissiper toute incertitude, ajoutant : *Nam eos usuris duntaxat novis compensari æquum est,* et cette décision, il déclare formellement la donner *sumptuum in prædium factorum exemplo,* conformément à ce qu'on décide sur les dépenses faites en travaux sur le fonds. C'est admettre positivement que les fruits ne doivent pas entrer en compensation des grosses dépenses, analogues à celle qui, dans l'hypothèse, consistait à désintéresser le créancier, mais seulement aux charges usufructuaires, comme l'est, dans l'hypothèse, la perte des intérêts de cette somme. C'est une décision directement contraire à celle que nous avons trouvée dans les autres textes. Toute conciliation paraît impossible. Faut-il en conclure que les jurisconsultes romains étaient partagés ? Nous n'en avons même pas le droit, car ce texte est précisément de Papinien, de Papinien, l'auteur des lois 48, *De rei vindic.*, 1, § 4, *De pignor.*, et 42, § 1, *Soluto matrim.* Faut-il croire à une altération ? Rien ne semble l'indiquer dans la rédaction du texte. Quoi qu'il en soit, la solution du Digeste est évidemment celle que la loi 48, *De rei vindic.*, pose en principe, et dont deux autres lois nous montrent l'application.

Tout ce que nous venons de dire du cas où le constructeur de bonne foi se trouve en possession, peut se résumer en ces termes : le constructeur, au moyen de l'exception de dol, se fera indemniser par le propriétaire des dépenses qu'il a faites jusqu'à concurrence de la plus-value, sauf à en déduire les fruits qu'il a perçus. Mais ne serait-il pas trop rigoureux d'imposer dans tous les cas au propriétaire cette obligation qui peut être fort onéreuse ? N'aurait-elle pas quelquefois pour conséquence de l'empêcher de rentrer dans ses droits ? Ne porterait-elle pas atteinte à la propriété par l'application trop rigoureuse du principe que nul ne doit s'enrichir aux dépens d'autrui ? Cette objection n'avait pas échappé aux jurisconsultes romains, et la loi 38, *De rei vindic.*, de Celsus nous prouve qu'ils en avaient tenu compte. L'auteur de cette loi, après avoir consacré la solution que nous venons de formuler pour les cas où le propriétaire revendique l'édifice afin de le vendre, ou se trouve dans une position telle qu'il eût fait sans doute les mêmes travaux, ajoute ces mots :

*Finge dominum pauperem, qui, si reddere id (quod im-
pensum est) cogatur, laribus, sepulchris avitis curendum
habeat ; sufficit tibi permitti tollere ex his rebus quae
possis;* encore n'est-ce qu'à une condition, *dum ita ne
deterior sit fundus quam si ab initio non foret aedificatum.*
Le propriétaire pourra même empêcher l'enlèvement
en payant au possesseur la valeur qu'il en retirerait :
celui-ci ne pourrait alors l'exiger que par pur caprice :
or, *non malitiis indulgendum.*

Ainsi, d'après ce texte, le propriétaire peut refuser
toute indemnité, sauf au constructeur à enlever ce qu'il
pourra sans détérioration ; mais cette faculté n'est
laissée au propriétaire qu'à raison de circonstances
exceptionnelles. Une autre loi du même titre, la loi 27,
§ 5, de Paul, la lui accorde au contraire en principe
et d'une manière générale. Elle déclare que le propriétaire qui refuse de payer les dépenses sera écarté par
l'exception de dol *nisi paratus sit pati tollere eum (pos-
sessorem) aedificium;* et ce qui prouve que le jurisconsulte considère comme essentielle cette faculté accordée
au propriétaire de se soustraire à l'indemnité en permettant la destruction des travaux, c'est que, dans une
une autre hypothèse qu'il prévoit, dans celle où le possesseur d'un esclave a fait pour lui des frais d'éducation, il décide que le propriétaire ne pourra être forcé
de les payer *quia nec carere servo suo debeat nec potest
remedium idem adhiberi quod in area diximus,* c'est-à-
dire qu'on ne peut pas enlever à l'esclave l'éducation
qu'on lui a donnée. Cela suffit au jurisconsulte pour
décider que le propriétaire ne sera tenu d'aucun recours en indemnité ; car, s'il l'était, il ne pourrait s'y

soustraire, ce qui lui paraît inadmissible. Il l'admet pourtant dans le cas où le possesseur de l'esclave, actionné *noxaliter* à cause d'un délit commis par ce dernier, a, pour le conserver, acquitté le montant de la condamnation; il l'autorise alors à repousser par l'exception de dol la revendication du propriétaire qui refuserait de le désintéresser; mais c'est que, dans ce cas, il s'agit d'une dépense non plus simplement utile, mais nécessaire, et dès lors le propriétaire ne peut pas prétendre qu'il ne l'eût pas faite, et serait déraisonnable en refusant de la supporter.

La loi 27, § 5, consacre donc en principe ce que la loi 38 n'admet qu'à titre d'exception. Il y a là une trace de tâtonnements et de divergences dont on aurait tort de s'étonner dans une matière où le respect de la propriété est souvent difficile à concilier avec le principe que nul ne doit s'enricher aux dépens d'autrui, où, si l'on donne trop à l'un, on a la crainte de livrer injustement un possesseur de mauvaise foi à la merci d'un propriétaire avide ou capricieux; si l'on se laisse entraîner par le second, on s'expose à paralyser les droits d'un propriétaire pauvre par l'excès des charges qu'on lui impose pour y rentrer. La meilleure solution est peut-être celle de la loi 38, qui force le propriétaire à indemniser le possesseur jusqu'à concurrence de la plus-value, sauf à faire exception pour certains cas particuliers où cette obligation aurait pour effet d'anéantir son droit.

Tout ce qui précède s'applique au cas le plus ordinaire, au cas où le constructeur de bonne foi est en possession de l'édifice; mais supposons qu'il ait perdu cette possession, quel recours aura-t-il pour se faire indemniser? En équité on ne voit aucune raison de distinction entre les deux hypothèses : dans l'une comme dans l'autre, *neminem æquam est cum alterius damno fieri locupletiorem.* Mais le mécanisme de la procédure romaine a eu pour effet de créer entre les deux cas une profonde différence. Quand le constructeur est en possession, nous venons de voir qu'il a l'exception de dol ; quand il l'a perdue, les jurisconsultes romains ne lui accordent aucune action. Papinien, dans la loi 48, *De rei vindic.*, déclare de la manière la plus explicite que *sumptus in prædium quod alienum esse apparuit non a domino peti possunt, verum exceptione doli opposita servantur.* La loi 14, *De doli mali et metus exceptione* n'est pas moins décisive. Cette solution, si déraisonnable au point de vue pratique, se justifie-t-elle au moins comme une conséquence nécessaire de la théorie romaine des actions? Ne pouvait-on pas trouver une action dont les principes permissent de faire usage en faveur du constructeur dépossédé? Cujas a pensé qu'on eût pu lui donner une *condictio indebiti;* c'est une erreur certaine ; le constructeur, soit en construisant, soit en restituant l'immeuble amélioré, n'a pas cru acquitter une dette ; il ne peut donc y avoir lieu à la *condictio indebiti*, et c'est ce que déclare positivement Julien (L. 33, *De condict. indebiti*, col. 529). Je ne crois pas davantage qu'il y eût lieu à une action *negotiorum gestorum*, bien que la question soit plus controversable. Quel est, en effet, le principe de la gestion d'affaires? On a voulu rassurer ceux qui, par office de bonne amitié, voudraient s'immiscer aux affaires

d'un absent pour le remplacer et sauvegarder ses
intérêts, on a pensé qu'il était juste et utile de
leur assurer, pour le cas où leur gestion aurait
été utile et profitable, le dédommagement complet
de tous les sacrifices qu'ils auraient faits. C'est ce
que déclarent formellement les textes (Instit., lib. 3,
tit. 27, § 1; Dig., L. 1, *De neg. gestis.*, col 307).
Mais si le gérant a cru agir dans son intérêt, s'il a
cru gérer son affaire, le cas est tout autre : la loi n'a
plus envers lui aucun motif de faveur et d'encourage-
ment; il ne peut plus exiger qu'une chose de la personne dont il a administré les affaires, c'est qu'elle ne
s'enrichisse pas à ses dépens. C'est ce que déclare
positivement la loi 6, § 3, *De neg. gestis,* de Julien. Il
est vrai que la loi 49, au même titre, d'Africain, donne
une solution contraire, en déclarant que l'action *negotiorum gestorum contraria in me tibi daretur, si cum
hereditatem, quæ ad me pertinet, tuam putares, res tuas
proprias legatas solvisses, quandoquidem ea solutione
liberarer.* Mais ce n'est là, je crois, qu'une opinion personnelle qu'il faut condamner sans hésiter, en se repor-
tant au principe de la gestion d'affaires. Je conclus,
relativement à notre hypothèse, que le constructeur
n'aurait pas droit à une action *negotiorum gestorum
contraria.*

Mais ce qu'on peut s'étonner de ne pas lui voir attribuer, c'est une action *in factum;* le préteur l'accor-
dait à volonté toutes les fois que l'équité lui paraissait l'ordonner. Il y avait lieu ici de faire usage de
cette faculté. Un texte particulier à la matière de
l'accession, la loi 23, § 5, *De rei vindict.*, de Paul,

semble même l'accorder en principe lorsqu'une chose *alii juncta sive adjecta accessionis loco cedit , ...in omnibus casibus in quibus neque ad exhibendum neque in rem actio locum habet.* Ces conditions ne se trouvent-elles pas parfaitement réalisées dans notre hypothèse? Pourtant, je le répète, les textes sont formels et refusent trop expressément toute action au constructeur dépossédé pour qu'on puisse croire qu'un usage contraire fût suivi dans la pratique.

Nous arrivons au cas du constructeur de mauvaise foi, du constructeur qui a su qu'il travaillait sur le sol d'autrui. Ici encore l'édifice accède au sol, et tant qu'il subsiste, le constructeur ne peut revendiquer ses matériaux. Mais peut-il exiger une indemnité (1)? S'il n'est pas en possession , il n'aura aucun recours; il serait absurde de le traiter plus favorablement que s'il était de bonne foi. Mais s'il est en possession, pourra-t-il opposer l'exception de dol à l'effet de se faire indemniser ? Devra-t-on voir un dol dans la revendication du propriétaire qui veut reprendre son immeuble amélioré sans tenir compte de la plus-value, fût-ce à un possesseur de mauvaise foi? L'affirmative me paraît la décision la plus juste et la plus morale. On peut pourtant faire valoir en faveur de la négative certaines considérations. Le propriétaire qui a affaire à un possesseur de mauvaise foi peut lui dire : En vous refusant toute indemnité, j'arrive, il est vrai, à m'enrichir à vos dépens; mais à qui vous en prendre, si

____

(1) Nous écartons, cela va de soi , le cas où il aurait agi comme mandataire ou gérant d'affaires.

ce n'est à vous-même ? En construisant sur un terrain que vous saviez ne pas vous appartenir, vous avez agi ou par fraude et dans l'espoir d'usucaper, ou du moins avec une inconcevable légèreté. J'aurais pu en souffrir, il se trouve que j'en profite; tant pis pour vous ! Indemniser une personne qui peut-être a voulu usurper mon terrain, ou qui s'est amusée à y faire des travaux qu'elle savait n'avoir pas le droit de faire, c'est un excès de délicatesse que la loi ne peut exiger. Elle a intérêt, au contraire, à punir la fraude et l'étourderie, et la théorie des actions pénales prouve qu'en droit romain on n'hésitait pas à les frapper de peines qui avaient pour effet d'enrichir une autre personne aux dépens du coupable.

Quoi qu'il en soit de ces considérations, les jurisconsultes romains refusaient au constructeur de mauvaise foi le bénéfice de l'exception de dol. Gaïus, (l. 7, § 12, *in fine, De acq. rer. dom.*) le déclare formellement et justifie ainsi cette décision : *potest ei objici culpa quod temere œdificaverit in eo solo quod intelligeret alienum.* Ulpien, dans la loi 37, *De rei vind.*, se pose la même question, et ne voit pas de motif pour donner au constructeur l'exception de dol, *nisi forte quis dicat prodesse de damno sollicito,* à moins qu'on n'admette qu'elle doit être accordée à toute personne qui veut éviter une perte, qui demande simplement qu'on ne s'enrichisse pas à ses dépens ; mais il n'admet pas cette manière de raisonner et consacre la solution de Gaïus, en y ajoutant toutefois ce tempérament : *hoc ei (possessori) concedendum est ut sine dispendio domini areæ tollat œdificium quod posuit.* C'est également la décision de la loi 5, au Code, *De rei vindic.* (col. 191), formée par une constitution de Justinien. Ainsi Gaïus, Ulpien et Justinien sont unanimes à refuser en principe au possesseur de mauvaise foi le bénéfice de l'exception de dol. Paul, au contraire, dans la loi 38, *De hered. petit.*, paraît admettre l'opinion opposée. Les deux lois précédentes supposent un possesseur de bonne ou de mauvaise foi d'une hérédité actionné par la *petitio hereditatis*; elles examinent ce qu'il devra restituer et par suite quelles sont les dépenses dont on devra lui tenir compte ; elles résolvent la question pour les dépenses ayant eu pour objet la production des fruits. Vient alors la loi 38, ainsi conçue : *Plane in cæteris necessariis et utilibus impensis posse separari, ut bonæ quidem fidei possessores has quoque imputent, prædo autem de se queri debeat, qui sciens in rem alienam impendit.* (C'est la solution de Gaïus avec la justification qu'il en donne.) *Sed benignius est,* ajoute le jurisconsulte, *in hujus quoque persona haberi rationem impensarum ; non enim debet petitor ex aliena jactura lucrum facere, et id ipsum officio judicis continebitur, nam nec exceptio doli mali desideratur.* Faut-il reconnaître dans ce texte la trace d'une opinion divergente ? Je le crois ; on a essayé de n'y voir qu'une décision particulière au cas de la *petitio hereditatis*. On sait que les jurisconsultes romains avaient été partagés sur la question de savoir si l'exception de dol devait être suppléée de plein droit dans la *petitio hereditatis*; la plupart avaient admis l'affirmative par ce motif que le juge de cette action n'avait pas, comme le juge de la *vindicatio*, à se prononcer sur un point unique, mais à examiner un ensemble de faits et de droits dans l'appréciation desquels il ne devait avoir d'autres limites que celles de l'équité. C'est cette controverse que Justinien entendit trancher en déclarant la *petitio hereditatis* action de bonne foi. Cela prouve, dit-on, que cette action était considérée comme ayant un caractère exceptionnel, et c'est ainsi que relativement à notre hypothèse, on explique la décision de Paul dans la loi que nous venons de citer. Cet essai de conciliation me paraît inadmissible. On suppléait de plein droit l'exception de dol dans la *petitio hereditatis*; cela ne prouve pas que l'équité doive y être plus largement entendue qu'elle ne l'est dans la *vindicatio ;* lorsque cette exception y a été insérée. Comment concevoir que, dans la *petitio hereditatis ,* on admette qu'il y a dol de la part du demandeur à ne pas vouloir indemniser le possesseur de mauvaise foi, qu'on invoque à ce sujet le principe : *nemo ex aliena jactura lucrum facere ;* et que, dans le *vindicatio* avec exception de dol, on raisonne autrement, et l'on admette que le propriétaire, en voulant s'enrichir aux dépens du possesseur, reste dans les limites de la bonne foi. Rien n'autorise à croire que les jurisconsultes romains aient ainsi distribué la bonne foi à différentes doses, et je crois qu'il faut voir dans le texte de Paul la trace d'une opinion divergente, plus équitable et plus progressive.

Il nous reste à faire sur la question que nous venons de traiter une remarque importante ; c'est que ni Gaïus, ni Ulpien, ni Paul, ne font intervenir dans leur décision l'idée d'une donation que le constructeur serait censé avoir faite, par cela seul qu'il savait travailler sur le sol d'autrui. Cela est plus qu'évident pour Paul qui lui accorde une indemnité ; cela n'est pas moins certain pour Gaïus et Ulpien qui la lui refusent, en justifiant tous deux leur décision par cette idée qu'il est en faute, qu'il a agi *temere*, que *sibi imputare debet*, toutes expressions qui excluent l'idée d'une intention tacite de donner (V. dans le même sens la loi 14, *De donato* de Julien, col. 1267).

Supposons maintenant la maison détruite. Le constructeur de mauvaise foi peut-il vendiquer les matériaux ? La loi 7, § 12, *De acq. rer. dom.*, de Gaïus, décide que non, *quia materia voluntate ejus intelligitur alienata, si non ignorabat se in alieno solo ædificare*. Tel est le texte dont on a tiré la prétendue fiction *donasse videtur*, dont on s'est ensuite servi pour résoudre contre le constructeur de mauvaise foi la question de l'indemnité. Nous venons de montrer qu'en raisonnant ainsi on allait directement contre la pensée des jurisconsultes romains ; il nous reste à prouver qu'on traduit inexactement la phrase que nous venons de citer, et, pour cela, il nous suffit de faire remarquer qu'*alienare* n'est pas synonyme de *donare*. Gaïus dit que le constructeur est censé avoir aliéné ses matériaux, c'est-à-dire avoir renoncé à les reprendre en nature ; il ne dit nullement qu'il est censé les avoir donnés, c'est-à-dire avoir renoncé à réclamer du propriétaire une indemnité. Et, en effet, de quel droit présumerait-on, contrairement à tous les principes, cette intention de libéralité ? Sur quelle interprétation plausible de la volonté du constructeur cette fiction reposerait-elle ?

Rien n'indique chez lui l'intention d'enrichir le propriétaire à ses dépens. On peut, il est vrai, faire cette objection : vous n'admettez pas que Gaïus présume l'intention de libéralité ; mais vous admettez qu'il présume l'intention de renoncer à la revendication en nature ; cette supposition est-elle mieux fondée que la première? Nous ne prétendons pas la justifier complétement : nous croyons qu'en général elle répondra mal à la réalité des faits : le *prædo* qui construit sur mon terrain n'a ni l'intention de donner, ni l'intention d'aliéner les matériaux ; il a l'intention d'usurper mon sol. Est-ce à dire qu'on doive lui laisser la propriété des matériaux? Nullement ; la loi peut ce qu'elle veut ; elle peut lui enlever sa propriété, elle peut lui refuser toute indemnité ; mais il est aussi peu digne d'elle que peu conforme à la réalité des faits de se fonder pour cela sur une interprétation hypocrite de sa volonté. Telle que nous l'entendons, la fiction admise par Gaïus nous paraît donc mal fondée ; mais elle est certainement plus admissible que la fiction *donasse videtur*. Que s'est-il passé en effet? Le constructeur, sachant qu'il travaillait sur le sol d'autrui, a su que le propriétaire pourrait, ses travaux terminés, venir l'expulser et conserver le tout en vertu du principe : *ædificium solo cedit*. De ce qu'il a prévu ce résultat comme possible, a-t-on le droit de conclure qu'il l'ait voulu? Nous ne le pensons pas, mais enfin cela se comprend ; on comprend que la loi raisonne ainsi : il savait que, dans cette hypothèse, les matériaux cesseraient de lui appartenir, et cela ne l'a pas arrêté : il a donc accepté ce résultat ; sa conduite contient donc implicitement, pour

le cas où cette hypothèse se réaliserait, l'intention d'a-
liéner les matériaux. On ne peut faire aucun raisonnement semblable pour justifier la fiction *donasse videtur* : le constructeur a prévu que le propriétaire
pourrait l'expulser, mais non qu'il l'expulserait sans
indemnité ; car, en la refusant, il n'userait plus d'un
droit incontestable, il s'enrichirait aux dépens d'autrui, et si quelqu'un doit refuser d'admettre cette conduite comme juste et par conséquent présumable, c'est
certainement le constructeur. Sans admettre que la fiction de Gaïus soit conforme à la réalité, nous croyons
que la fiction *donasse videtur* l'est encore bien moins,
et l'on comprend parfaitement que le jurisconsulte ait
admis la première sans aller jusqu'à la seconde. Celle-
ci est contredite par la raison, par le sens naturel du
mot *alienasse*, et surtout par la solution que donnent
les jurisconsultes romains dans la question de savoir
si une indemnité est due au possesseur de mauvaise
foi. Tout se réunit pour la faire considérer comme une
erreur certaine. Nous ne connaissons qu'un seul texte
qu'il soit possible d'invoquer en sa faveur. C'est la loi
27, § 25, *ad legem Aquiliam*, d'Ulpien (col. 454). Le
jurisconsulte s'occupe des cas où cette loi peut s'appliquer : il suppose qu'une personne a récolté avant
sa maturité une moisson qui ne lui appartenait pas et
décide qu'elle est tenue de l'action de la loi Aquilia ;
maie si cette moisson était mûre? Alors, dit le jurisconsulte, *cessat Aquilia; nulla enim injuria est; quum
tibi etiam impensas donaverit, quæ in collectionem hujus-
modi fructuum impenduntur.* Le jurisconsulte paraît donc
supposer que la personne qui a fait la récolte *donasse*

impensas videtur, et ne peut réclamer aucune indemnité. Cujas a répondu qu'il s'agissait 'd'une personne qui n'était pas en possession, et que, dès lors, on ne pouvait supposer chez elle qu'une intention de gestion d'affaires ou de libéralité. Cette distinction est complétement arbitraire. Le jurisconsulte ne paraît nullement distinguer si celui qui a récolté était ou non possesseur ; mais il y a plus : il ne distingue pas davantage s'il était ou non de bonne foi. Ceci prouve, à mon avis, que ses expressions ne doivent pas être prises à la lettre. Préoccupé uniquement de la question de savoir s'il y a lieu à l'application de la loi Aquilia, il s'est laissé entraîner, par la vivacité du raisonnement, au delà de la vérité, et il a dit : Comment le propriétaire pourrait-il se plaindre ? on lui a rendu un service, et un service gratuit. Cette dernière assertion est exagérée, mais en pratique elle pourra quelquefois être vraie si la personne qui a fait la récolte néglige de réclamer le montant de ses impenses.

Cette digression indispensable nous a éloignés de la question que nous traitions, celle de savoir si, après la démolition, le constructeur de mauvaise foi peut vendiquer les matériaux. La solution négative que nous avons vue consacrée par Gaïus d'une manière absolue est, au contraire, rejetée en principe par une constitution de l'empereur Antonin, qui forme la loi 2, au Code, *De rei vindic.* On y décide que la *vindicatio* retourne, après la démolition, au constructeur de mauvaise foi, *si non donandi animo œdificia alieno solo imposita sunt.* L'intention de libéralité n'est pas présumée ; elle est seulement présentée comme une circonstance qui peut se réaliser. Faut-il voir là une innovation du droit impérial ? Faut-il y voir la trace d'une doctrine rivale de celle de Gaïus ? Ce qui rend cette dernière conjecture assez probable, c'est la loi 15, *princ.*, *De usufructu et quemadmodum*, d'Ulpien (col. 405), qui accorde à l'usufruitier qui a bâti le droit de vendiquer les matériaux après la démolition. On ne voit pas, si ce jurisconsulte eût suivi la doctrine de Gaïus, pour quel motif il eût accordé à l'usufruitier une faveur particulière.

Les solutions que nous venons de donner comme applicables d'une manière générale aux constructeurs de mauvaise foi ne s'appliquent pas à tous sans modification : ainsi, dans le cas de location, nous voyons que le locataire qui a fait des dépenses nécessaires ou utiles peut s'en faire tenir compte par l'action *ex conducto* (V. au titre *Locati conducti*, la loi 5, § 1, de Paul, et la loi 61, *princ.*, de Scævola, col. 675). S'il le préfère, il a le droit d'enlever ses travaux, pourvu que cet enlèvement soit possible sans détérioration.

Quant à l'usufruitier qui avait fait des constructions, était-il traité comme un possesseur de mauvaise foi ordinaire ? Nous trouvons, à cet égard, la décision suivante d'Ulpien dans la loi 15, *princ.*, *De usufr. et quemadmodum* (col. 405) : *Si quid inædificatum erit, neque tollere hoc neque refigere posse : refixa plana posse vindicare*. En rapprochant ce texte de la loi 37, *De rei vindic.*, où le même jurisconsulte refuse au possesseur de mauvaise foi toute indemnité, en l'autorisant seulement à enlever ce qui peut disparaître sans détérioration, il semble bien en résulter qu'il dénie cette faculté à l'usufruitier, en le laissant d'ailleurs sous l'empire du principe général qui refuse toute indemnité. On ne voit aucune bonne raison à cette rigueur particulière ; faudrait-il donc entendre les expressions du jurisconsulte en ce sens que l'usufruitier n'a pas le droit d'enlever les travaux malgré le propriétaire, et dans le cas où celui-ci consent à l'indemniser ? Cette interprétation restrictive serait singulièrement conjecturale. Mais nous avons vu que le principe général était lui-même controversé, et il est au moins probable que les mêmes divergences s'étaient manifestées sur le cas spécial de l'usufruitier, bien que les textes du *Corpus juris* n'en aient conservé aucune trace. Il est donc bien téméraire d'affirmer, ainsi qu'on le fait souvent, que sans aucun doute les jurisconsultes romains plaçaient l'usufruitier dans une position exceptionnellement défavorable.

Nous avons épuisé tout ce que nous avions à dire sur l'hypothèse de constructions faites sur le sol d'une personne avec les matériaux d'une autre. Les textes nous en présentent une autre analogue, celle des plantations faites sur le sol d'une personne avec des plantes qui ne lui appartenaient pas. L'accession n'est considérée comme définitive que lorsque l'arbre a poussé des racines dans le sol. Alors l'intérêt de l'agriculture ne permet plus la séparation, et d'ailleurs, comme tous les corps organisés, l'arbre s'est plus ou moins transformé : *Credibile est alio terræ alimento aliam factam,* dit Paul dans la loi 26, § 2, *De acq. rer. dom.*, et il décide en conséquence que, fût-il plus tard séparé du sol, il ne reviendrait pas à son ancien propriétaire.

Pour régler l'indemnité due au propriétaire de l'arbre, il faut distinguer si c'est lui ou une autre personne qui a fait la plantation. Plaçons-nous d'abord dans ce dernier cas. Ou l'auteur de la plantation est de mauvaise foi, et alors il doit être tenu de l'action *ad exhibendum quasi dolo malo desierit possidere ;* ou il est de bonne foi, et alors, à défaut d'autre action, il doit être tenu d'une action *in factum.* La loi 5, § 3, *De rei vindic.,* d'Ulpien, nous apprend que Varus et Nerva donnaient une action *in rem* utile *de arbore quæ in alienum agrum translata coaluit.* Il ne peut s'agir que d'une action purement indemnitaire.

Si c'est le propriétaire de l'arbre qui a fait la plantation, il faut, dans le silence des textes, appliquer les mêmes décisions qu'au cas de constructions.

Il nous reste à examiner une hypothèse particulière, celle où un arbre, planté sur un sol près de l'héritage voisin, étend ses racines dans le terrain de cet héritage. Comment doit alors en être réglée la propriété? Gaïus, dans la loi 7, § 13, *De acq. rer. dom.,* décide qu'il est commun aux deux propriétaires. Mais la loi 8 de Marcien, intercalée évidemment à dessein, ajoute ces mots : *Pro regione cujusque prædii,* ce qui contredit la décision de Gaïus et la change radicalement; car déclarer que chacun est propriétaire de la portion de l'arbre comprise dans son terrain, c'est déclarer précisément que l'arbre n'est pas commun. Au contraire, le § 31, *De divis. rerum,* aux Institutes, reproduit l'expression de Gaïus sans y rien ajouter et se trouve, par conséquent, en contradiction avec le texte du

Digeste. Sa solution est évidemment préférable en théorie : pour régler la propriété d'un arbre, il ne faut pas s'attacher au tronc et aux branches, mais uniquement aux racines dont il tire sa nourriture ; si ces racines s'étendent sous deux champs voisins, chacun des deux propriétaires a droit à une part du tronc et des branches proportionnelle à la part de racines qui se nourrit dans son champ. L'arbre est d'ailleurs un être vivant et, par conséquent, non susceptible d'être possédé par portions divises.

Mais cette solution rationnelle n'est pas celle qui ressort des textes du *corpus juris*. Pour m'en tenir d'abord aux deux textes que j'ai cités, je ferai remarquer que celui du Digeste est plus significatif que celui des Institutes, parce que, d'une part, les compilateurs du Digeste, en intercalant la phrase de Marcien dans le texte de Gaïus, ont eu l'intention très-formelle de le corriger, et que, d'autre part, les rédacteurs des Institutes ont pu ne pas attacher au mot *communis* son sens propre et rigoureux, mais le sens altéré qu'il reçoit dans la loi 7, *De acq. rer. dom.*, de l'addition de ces mots : *pro regione cujusque prædii.* Voyez au surplus l. 19, *princ., Communi dividundo* (col. 484), et loi 6, § 2, *Arb. furt. cæsarum* (col. 1559). Cette même loi déclare d'ailleurs que le propriétaire d'une portion des racines ne peut en disposer à sa guise. *Recidere eas vicino non licebit*, dit le jurisconsulte. La propriété des racines est grevée, dans l'intérêt de l'agriculture, d'une sorte de servitude légale.

Ainsi, dans les idées des jurisconsultes romains,

l'arbre, tant qu'il faisait partie du sol, appartenait, par portions divises, aux deux propriétaires voisins. Cette décision semblerait devoir *à fortiori* être acceptée lorsqu'il devient un corps inorganique et, par conséquent, susceptible, sans inconvénient, de division matérielle. On a donc le droit de s'étonner en voyant les textes consacrer la solution inverse et admettre que l'arbre séparé du sol devient commun, et que le partage doit avoir lieu par l'action *communi dividundo* (V. l. 19, *princ. Comm. divid.*, col. 484). Le jurisconsulte, en donnant cette décision, ajoute que cette hypothèse est analogue à celle où deux lingots de métal, appartenant à des propriétaires différents, ont été fondus ensemble, analogie évidemment erronée, puisque, dans ce dernier cas, les deux substances, primitivement distinctes, sont matériellement confondues. Si l'on veut chercher dans le mélange une hypothèse analogue à la nôtre, il faut prendre le cas de mélange des solides, où les jurisconsultes romains décident précisément qu'il n'y a pas indivision, *quia singula corpora in sua substantia durant*, et cela lors même qu'on ne pourrait plus les distinguer.

La loi 19, *comm. divid.*, applique la même solution au cas d'une pierre formée sur les confins de deux propriétés. Telle est aussi la décision de la loi 8, § 1, *De acq. rer. dom.*, où les mots : *Et sint pro indiviso communia prædia*, sont évidemment le résultat d'une interpolation inintelligente.

Au contraire la loi 83, *Pro socio* (col. 628), paraît décider que l'arbre séparé de la terre ne devient pas commun. Cette divergence est d'autant plus étrange

que cette loi est de Paul, comme la loi 19, *Comm.
divid.*.

Nous avons trouvé dans les hypothèses de construction et de plantation deux exemples d'adjonction irremédiable et définitive. Les textes nous en fournissent
trois autres, ceux de la *scriptura*, de la *pictura* et de la
ferruminatio.

Et d'abord, celui de la *scriptura*. Je suppose qu'une
personne prenne un morceau de papier ou de par-
chemin qui m'appartient, et le couvre d'écriture ; il y
a là en réalité un cas de spécification : le morceau de
papier est devenu une tout autre chose, il est devenu
un manuscrit. Supposons au contraire qu'on écrive
une note en marge de mon livre ; le livre reste ce qu'il
est ; la note n'en est qu'un accessoire : il y a là un cas
d'adjonction.

Les jurisconsultes romains ne surent pas faire cette
distinction. L'hypothèse de lettres tracées sur un papier leur parut devoir être considérée, en tout cas,
comme une hypothèse d'adjonction. L'écriture ne
fut jamais pour eux qu'un accessoire ajouté au papier.
De là la décision générale formulée en ces termes :
litteræ chartis cedunt.

Dès lors il y a nécessité d'indemniser celui qui a
tracé les lettres avec une matière qui peut avoir une
valeur sérieuse, puisqu'on nous cite l'exemple de
litteræ aureæ. Aussi les textes nous apprennent-ils
que, si celui qui a écrit est en possession de la *charta*,
il peut, pourvu qu'il soit de bonne foi, écarter, par
l'exception de dol, le propriétaire qui réclamerait *suos
libros suasve membranas, nec impensas scripturæ sol-*

vere paratus sit ; on suppose donc que, s'il était de mauvaise foi, il serait privé de ce recours. S'il n'est pas en possession, on doit lui donner une action *in factum* par application du principe de la loi 23, § 5, *De rei vind.*

Il est inutile de faire remarquer combien l'application absolue du principe *litteræ chartis cedunt* pourra souvent aboutir, dans la pratique, à des résultats déraisonnables. La loi 3, § 14, *Ad exhib.* d'Ulpien nous en fournit un exemple frappant. Mon esclave a écrit mes comptes sur une *charta* appartenant à Titius, qui en est en possession. Je voudrais me les faire montrer : je n'ai pour cela ni la *vindicatio*, ni par conséquent, dit le jurisconsulte , l'action *ad exhibendum ;* on m'accordera seulement, *æquitatis causa,* une action *in factum.* Cette décision d'Ulpien est-elle bien conforme aux principes ? Que la *vindicatio* ne soit refusée, rien de plus simple, c'est la conséquence nécessaire du principe *litteræ chartis cedunt.* Mais en résulte-t-il, comme semble le dire le jurisconsulte, que l'action *ad exhibendum* ne doive pas non plus m'être accordée ? Il semble que non, lorsqu'on voit la même loi, dans les §§ 1 et 10, déclarer expressément que l'action *ad exhibendum* ne suppose pas nécessairement que le demandeur soit propriétaire de la chose, et peut résulter de tout intérêt légitime qu'il peut avoir à l'exhibition. Les §§ 6 et 7 nous fournissent des applications de ce principe en accordant cette action à des personnes qui n'invoquent contre le propriétaire de la chose qui en est l'objet qu'un droit purement personnel. Dès lors, pourquoi, dans l'hypothèse du § 14, la refuser à la personne dont les comptes ont été écrits *in aliena charta*? Cette personne n'a-t-elle pas un intérêt, un intérêt avouable et légitime, à l'exhibition? Je crois qu'on peut justifier le jurisconsulte de ce reproche d'inconséquence, et voici comment. Dans les hypothèses où l'action est accordée, le demandeur peut fort bien ne pas se prétendre propriétaire; mais au moins prétend-il avoir contre le possesseur de la chose une action quelconque dont l'exhibition est le préliminaire indispensable. Dans le cas du § 14, rien de pareil : l'exhibition obtenue, celui qui l'a demandée n'aura plus rien à réclamer du propriétaire de la *charta*; il n'a contre lui aucun droit, il a simplement intérêt à l'exhibition, et, comme on peut le voir dans la loi 19, au même titre, cela ne suffit pas pour donner lieu à l'action *ad exhibendum*. La décision du § 14 n'est donc pas en contradiction avec celles des §§ 1, 6, 7 et 10.

Dans le cas de la *pictura*, les jurisconsultes romains ont commis la même erreur; ils ont décidé d'une manière générale que *pictura tabulæ cedit*. Ici encore, il fallait faire une distinction : qu'un peintre s'empare d'une toile et en fasse un tableau, il y a là un cas de spécification; qu'il peigne à fresque sur le mur d'un édifice, il y a là un cas d'adjonction. Les jurisconsultes romains n'ont pas su faire intervenir ici l'idée de la spécification : dans tous les cas de *pictura*, ils ont vu des cas d'adjonction, et dès lors ils ont été conduits à décider que la *tabula* est le principal et la *pictura* l'accessoire; car, dans cet ordre d'idées, il n'y a qu'une manière possible d'interpréter les faits : c'est de voir dans les couleurs un ornement de la *tabula*. Mais le principe *pictura tabulæ cedit* aboutit à des conséquences pratiques d'une absurdité évidente, et, comme le dit Justinien (Instit., *De divis rer.*, § 34), *ridiculum est picturam Apellis vel Parrhasii in accessionem vilissimæ tabulæ cedere*. Aussi, dès Gaïus, l'opinion la plus commune était-elle favorable à la solution inverse. *Magis dicitur tabulam picturæ cedere*, nous dit ce jurisconsulte dans son Comm. 2, § 78, et il fait la remarque qu'on a peine à concilier cette décision avec cette autre que *scriptura chartæ cedit*; et en effet, si l'on ne fait pas intervenir l'idée de spécification, il est impossible de comprendre que les couleurs soient considérées comme la chose principale, dont la toile ne serait que l'accessoire ou l'ornement. C'est aussi l'opinion de Paul, qui dans la loi 23, § 3, *De rei vindic.*, nous dit: *Id quod in tabula mea pingitur statim meum fit.., licet quidam contra senserint ; sed necesse est ei rei cedi quod sine illa esse non potest*. Nous avons eu déjà l'occasion de critiquer, dans Doneau et Pothier, cette manière de raisonner, qui consiste à admettre que la *pictura* doit être considérée comme l'accessoire, par cette raison qu'elle ne pourrait pas exister sans la *tabula*, tandis que la *tabula* pourrait exister sans elle, et nous croyons avoir prouvé qu'il n'y a là qu'un pur argument de mots, une erreur dérivant d'une manière inexacte de poser la question. Mais quoi qu'il en soit de la valeur de ce motif, on voit que Paul considérait comme inexplicable la décision : *tabula picturæ cedit*. Pourtant elle prévalut parce que seule elle était raisonnable en pratique. Nous la voyons consacrée aux Instit., *De divis.*

rer., § 34, et au titre *De acq. rer. dom.*, l. 9, § 2.

Dès lors, il fallait donner au propriétaire de la *ta-bula* un moyen de se faire indemniser. S'il était en possession, il le trouvait dans l'exception de dol. Si, au contraire, c'est le peintre qui est en possession, il semblerait ne pouvoir être attaqué ni par la *vindicatio* ni par l'action *ad exhibendum*, et dès lors il y aurait lieu à une simple action *in factum*. Pourtant les textes donnent en ce cas une action *in rem* utile, qui sera du reste repoussée par l'exception de dol, si celui qui l'intente refuse de payer le prix de la peinture (V. l. 9, § 2, *De acq. rer. dom.*, et Inst., *De divis. rer.*, § 34). Cette action utile semble dans ce cas, qui est de beaucoup le plus fréquent, aboutir à l'annulation de principe : *tabula picturæ cedit*, qui lui-même n'avait été admis que *utilitatis causa*. Ce résultat paraît inacceptable ; peut-être faut-il penser, avec M. Ortolan, que le peintre aurait eu le droit de prévenir cette action utile en payant la valeur de la *tabula*, mais qu'une fois intentée il n'aurait pu la repousser.

Il nous reste à étudier une dernière hypothèse où les jurisconsultes romains voient un cas d'adjonction définitive, c'est celle qu'ils désignent sous le nom de *ferruminatio*.

Paul, dans la loi 23, *De rei vindic.*, § 5, suppose que le propriétaire d'une statue y a joint un bras qui appartenait à autrui, au moyen de la *ferruminatio*, c'est-à-dire sans interposition d'un métal étranger, en amollissant par le feu les espèces métalliques, et en les battant ensemble. Voici, sur cette hypothèse, la solution qu'il donne : il décide, d'après Cassius, que le propriétaire du bras ne

peut ni le vendiquer ni intenter l'action *ad exhibendum :
Cassius ait unitate majoris partis consumi, et, quod semel
alienum factum sit, redire ad priorem dominum non posse.*
Au contraire, si la jonction a eu lieu *plumbatura*, par une
soudure faite d'un métal étranger, l'action *ad exhibendum* est donnée ; et quelle est la raison de cette différence? C'est que *ferruminatio per eamdem materiam
facit confusionem, plumbatura non idem efficit.* C'est que,
dans la *ferruminatio*, les parties adhérentes des deux
choses qui ont été jointes sont confondues. Le motif ne
me paraît pas concluant ; il sera toujours possible de
reconnaître, à peu près exactement, l'endroit où s'est
faite la jonction, il sera toujours possible d'opérer
la séparation, et dès lors, il n'y a aucune bonne raison
de refuser au propriétaire du bras le droit d'exiger
qu'elle ait lieu.

Telle est la décision donnée pour les cas où, de deux
choses jointes *ferruminatione*, l'une est principale, l'autre est accessoire, c'est-à-dire unie à la première pour
lui servir d'ornement ou de complément. Mais s'il n'en
est pas ainsi, si par exemple la jonction a lieu entre
deux masses de métal brut, que faut-il décider ? Cette
hypothèse est prévue par Pomponius dans la loi 27, § 2,
De acq. rer. dom. ; il la résout en ces termes : *Quum partes duorum ferrumine cohæreant, hæ quum quæreretur
utri cedant, Cassius ait pro portione rei æstimandum vel
pro pretio cujusque partis ; sed si neutra accessioni est,
videamus ne aut utriusque esse dicenda sit, sicuti massa
confusa, aut ejus cujus nomine ferruminata est. Sed
Proculus et Pegasus æstimant suam cujusque rem manere.* Ainsi ce n'est que dans l'impossibilité de trouver

en faveur de l'un des deux propriétaires une raison de. préférence qu'on laisse à chacun d'eux la propriété de la chose. Il suffit d'une différence de volume ou de prix pour que l'une des deux choses soit considérée comme principale et que son propriétaire devienne propriétaire du tout. Ici la critique que nous faisions sur la décision de la loi 23, § 5, *De rei vindic.* se reproduit avec plus de force encore. Quelle raison y a-t-il quand la séparation est possible, quand l'une des deux choses, en s'ajoutant à l'autre, n'a pas même pour effet de lui servir d'ornement ou de complément, quand il n'y a entre elles qu'une union purement matérielle qu'on peut faire disparaître, quelle raison y a-t-il de vouloir à tout prix dépouiller l'un des deux propriétaires, et de ne laisser à chacun ce qui lui appartient que dans le cas, presque imaginaire, où toute préférence devient impossible ? Telle est pourtant la conséquence à laquelle ont dû aboutir les jurisconsultes romains dès qu'ils ont admis que, dans l'hypothèse de la *ferruminatio*, la séparation ne doit pas être autorisée, et que *minor pars unitate majoris partes consumitur;* mais ce principe lui-même n'est nullement justifié.

Nous avons dit que la décision de la loi 27, § 2, s'appliquait au cas où la jonction a eu lieu entre deux masses de métal brut. Comment le concilier, dès lors, avec le *principium* de la même loi, lequel, prévoyant précisément l'hypothèse où l'on a joint deux masses d'argent brut, déclare que *non esse tuum totum argentum fatendum est?* Ceci semble indiquer que chacun reste propriétaire de sa chose. Pour éviter cette contradiction, on a proposé d'appliquer le

principium à la jonction de matières brutes, le § 2
à la jonction de matières ouvrées. Cette conciliation me semble inadmissible, parce que les termes du
§ 2 ne paraissent nullement indiquer une semblable
distinction, et que d'ailleurs, dans le cas de jonction
de matières ouvrées, l'une sera toujours l'accessoire
de l'autre, à laquelle elle sera ajoutée pour son ornement ou son complément, et par conséquent il y aura
lieu à appliquer la loi 27, § 5, *De rei vindic.* Le *principium* et le § 2, de la loi 27, *De acq. rer. dom.* s'appliquent donc au même cas, au cas de jonction entre deux
matières brutes ; mais on peut, je crois, les concilier,
en admettant que le *principium* signifie simplement
ceci : lorsque la jonction a eu lieu entre matières brutes, on ne peut pas, comme dans le cas du *brachium
statuæ junctum* ou en général dans les cas où le propriétaire qui a opéré la jonction n'a fait qu'ajouter à la
chose un ornement ou un complément, on ne peut pas
admettre en principe et d'une manière générale que
le propriétaire auteur de la jonction soit devenu propriétaire du tout. Cette explication me paraît d'autant
plus plausible que, dans ce *principium*, on oppose à
l'hypothèse de la jonction entre matières brutes celle
de *scyphus alieno argento ferruminatus*, de manière à
faire ressortir la différence des solutions données dans
les deux cas.

La décision de la loi 27, § 2, a été généralisée par
nos anciens auteurs qui en ont tiré le principe énoncé
dans l'art. 569 du Code civil. Sans examiner pour le
moment quelle est la valeur de ce principe général,
contentons-nous de faire remarquer qu'il n'appartient

pas au droit romain. Sauf la décision spéciale donnée pour la *ferruminatio*, toutes les hypothèses que nous venons de parcourir se rattachent à l'idée d'une adjonction proprement dite : dans toutes, nous avons trouvé une chose principale, c'est-à-dire une chose qui, après l'adjonction, reste essentiellement la même, conserve la même destination; nous avons vu une chose accessoire qui s'incorpore à la chose principale, qui, sans en changer la destination, sert simplement à l'embellir ou à la compléter, et devient elle-même incapable de toute destination propre et indépendante.

Ici s'arrête l'explication des textes relatifs à la théorie de l'adjonction : nous passons à celle du mélange.

Nous laissons de côté, cela va de soi, le cas où le mélange a eu lieu du consentement des deux propriétaires, et où les résultats en sont réglés par leur volonté. Hors de là, soit que le mélange ait eu lieu par hasard, ou par le fait d'un tiers, ou par le fait de l'un des propriétaires, la loi seule peut en régler la propriété. Il faut distinguer suivant qu'il y a mélange de corps solides (*commixtio*), ou mélange de liquides (*confusio*).

S'il y a *commixtio*, chacun reste propriétaire de sa chose; aucun résultat juridique n'est produit. C'est ce que déclare le § 28, *De divis. rer.* aux Instituts, en prenant pour exemple le cas où mon froment aurait été mêlé au froment de Titius. Alors *non magis commune fit frumentum quam grex intelligitur esse communis si pecora Titii tuis pecoribus mixta fuerint.* Dès lors, si l'un des deux propriétaires est en possession de tout le mélange, *in rem actio pro modo frumenti cujusque competit*, et alors *arbitrio judicis continebitur ut ipse œstimet quale cujusque frumentum fuerit.* Si l'on peu t reconnaître, grain par grain, celui qui appartient à chacun, si, par exemple, les deux masses de froment étaient d'espèce différente, rien de plus simple; sinon, le juge, en vertu de son *arbitrium*, assignera à chacun une fraction de la masse totale en tenant compte de la quantité et de la qualité du froment qui lui appartenait (l. 5, *princ.*, *De rei vindic.* d'Ulpien).

Cette décision semble contredite, au moins pour le cas où il est impossible de distinguer les deux corps mélangés, par la loi 78 *De solutionibus* de Javolehus (col. 1518) ainsi conçue : *Si alieni nummi inscio domino soluti sint, manent ejus cujus fuerunt; si mixti essent ita ut discerni non possint, ejus fieri qui accepit in libris Gaii scriptum est, ita ut actio domino cum eo qui dedisset furti competeret.* Ainsi, dans l'idée du jurisconsulte, le mélange a eu pour effet de transmettre au créancier la propriété d'un argent qui ne lui appartiendrait pas si on pouvait encore le reconnaître. C'est bien une solution contraire à celle que nous avons admise; mais elle s'explique, je crois, par la nature particulière du bien dont il s'agit : ce bien est de l'argent, et l'argent circule vite. Celui auquel il a été payé en a dépensé depuis le payement; est-ce celui qui lui a été payé? est-ce le sien? Nul ne le sait : le propriétaire des *nummi* non-seulement ne peut pas les reconnaître dans la masse où ils ont été confondus, mais il ne peut pas même dire où ils sont; son droit se trouve anéanti par la force même des choses, et c'est ainsi que s'explique la décision de Javolenus, dans laquelle on auraît tort de voir la trace d'une doctrine divergente.

Dans le cas de la *confusio,* le résultat du mélange est commun; si l'un des deux propriétaires est possesseur du tout et conteste les droits de l'autre, celui-ci les fera reconnaître en intentant une *vindicatio pro parte.* C'est ce que déclare la loi 3, § 2, *De rei vindic.,* en ajoutant que, pour éviter le danger de la plus-pétition, il pourra avoir recours à une *vindicatio incertæ partis.* Si aucun conflit ne s'élève au fond, chacun des deux propriétaires reconnus a, pour faire opérer le partage, l'action *communi dividundo* (l. 4, *De rei vindic.*). Soit dans cette action, soit dans la *vindicatio,* la part de chacun doit être fixée d'après le volume et la valeur de la matière qui lui appartenait primitivement, de telle façon que, comme dit la même loi 4, *amplius ferat cujus argentum pretiosius fuerat.*

Si l'une des deux matières mélangées a été volée, son propriétaire a les actions ordinaires qui résultent du vol. Sans supposer un vol, si la personne qui a opéré le mélange a été de mauvaise foi, le propriétaire peut se faire indemniser par l'action *ad exhibendum quasi dolo malo desierit possidere.* Si elle a été de bonne foi, aucun texte n'accorde au propriétaire d'autre action que l'action *in rem.* Il semble pourtant qu'il y a un *damnum corpori et corpore datum,* qui devrait lui donner droit à l'action de la loi Aquilia, et, en tout cas, victime d'un quasi-délit, il devrait avoir, pour en obtenir la réparation, une action *in factum.*

Les décisions que nous venons de donner doivent s'appliquer, comme le déclarent le § 27, *De divis. rer.* aux Instituts, et la loi 7, *De acq. rer. dom.* soit que les matières mélangées soient de même nature, soit qu'elles soient de nature différente, pourvu, bien entendu, que, dans cette dernière hypothèse, il n'y ait pas création d'une nouvelle espèce par le travail de l'homme, auquel cas il faudrait se référer aux règles de la spécification. C'est ce qui arrivera lorsque les matières mélangées seront brutes, ou même, dans le cas contraire, lorsque le mélange aura eu lieu par l'effet du hasard.

Les solutions que nous venons d'indiquer sur la *confusio* ne s'appliquent qu'au cas où l'effet en est irrémédiable, où les deux matières confondues ne peuvent plus être séparées ; dans le cas contraire, chacun des deux propriétaires peut intenter l'action *ad exhibendum*, et, la séparation obtenue, vendiquer sa chose. C'est ce que dit la loi 5, § 1, *De rei vindic.*, pour le cas où du plomb aurait été fondu avec de l'argent ; elle ajoute : *Sed si deduci non possit, utputa si æs et aurum mixtum fuerit, pro parte vindicandum.* On voit par là que les Romains ne connaissaient pas le moyen de séparer l'or et le cuivre qui auraient été fondus ensemble : ils savaient au contraire séparer le cuivre et l'argent, comme le prouve la loi 12, *De acq. rer. dom.*

Après l'adjonction et le mélange, il nous reste à nous occuper de la spécification. La question n'est plus posée ici entre les droits de deux propriétaires, mais entre les droits du propriétaire et les droits de l'ouvrier, de l'artiste, du spécificateur. Sans nous donner une définition générale de la spécification, Gaïus, dans le § 79 de son comm. 2, cite un certain nombre d'exemples qui s'y rattachent, et nous apprend que les

Sabiniens tranchaient la question en faveur du propriétaire. *Quidam materiam et substantiam spectandam esse putant, ut, cujus materia sit, illius et res quæ facta sit videatur esse, idque maxime placuit Sabino et Cassio.* Les Proculéiens se prononçaient au contraire en faveur du spécificateur et pensaient *ejus rem esse qui fecerit;* deux systèmes également déraisonnables dans leur exclusivité, le premier méconnaissant les droits du travail, le second favorisant la spoliation des propriétaires. Justinien, au § 27, *De divis. rer.* aux Institutes, rappelle *magnas Sabinianorum et Proculeianorum ambiguitates,* et décide que *placuit media sententia existimantium, si ea species ad materiam reduci possit, eum videri dominum esse qui materiæ dominus fuerat; si non possit reduci, eum potius intelligi dominum qui fecerit.* Quelle est la série d'idées qui a pu conduire à cette doctrine intermédiaire? La voici, si je ne me trompe. Le système sabinien est fondé sur l'idée que la matière est toujours le premier élément de la *nova species, quia sine materia nulla species effici potest,* dit la loi 7, § 9, *De acq. rer. dom.* Le système proculéen voit les choses à un autre point de vue : la chose qui existe après la spécification n'est pas celle qui existait avant; celle-ci a péri; *quod factum est antea nullius fuerat* (ibid.), et par conséquent cette chose nouvelle doit appartenir à celui qui l'a créée. La doctrine intermédiaire a admis ce dernier point de vue, mais en le restreignant; de même que, dans l'adjonction, il n'y a réellement accession définitive que dans les cas où l'union ne peut pas être détruite, de même ici le propriétaire de la chose transformée par le travail d'autrui ne doit en perdre la propriété que si le nouvel état de choses est définitif, irrémédiable. Mais ce point de vue n'est pas vrai théoriquement ; la vérité est que, dans la spécification, il y a une chose qui n'existait pas, et à la composition de laquelle le propriétaire de la matière et le spécificateur ont apporté chacun un élément également essentiel : lequel est le plus important, voilà tout ce qu'il faut examiner. Au point de vue pratique, le système de Justinien n'est pas mieux fondé ; il aboutit aux conséquences suivantes : Un artiste a fait de mon bronze une statue qui est une belle œuvre d'art ; elle m'appartient : *materies ad pristinam speciem reduci potest.* On a broyé mon raisin et on en a fait du vin, l'augmentation de valeur est presque nulle et pourtant je suis dépouillé : *materies ad pristinam speciem reduci non potest.*

Nous trouvons, sur la matière de la spécification, deux lois du titre *De acq. rer. dom*, les lois 24 et 26, *princ.* qui présentent quelques difficultés d'interprétation.

La loi 24 de Paul est ainsi conçue : *In omnibus quæ ad eamdem speciem reverti non possunt, dicendum est, si, materia manente, species duntaxat forte mutata sit (veluti si ex ære meo statuam aut argento scyphum fecisses), me eorum dominum manere.* Les exemples cités par le jurisconsulte prouvent qu'il faut retrancher le mot *non* après *reverti*, et appliquer ce texte aux hypothèses où les choses peuvent être ramenées à leur premier état. L'hypothèse ainsi rectifiée, quelle est la solution du jurisconsulte ? Il semble, pour attribuer la chose nouvelle aux propriétaires, exiger une seconde condition, c'est que la matière subsiste, et que la forme, l'ensemble des qualités spécifiques soit seul changé. Mais en essayant de préciser le sens de ces expressions, on reconnaît bientôt que cette prétendue condition nouvelle se confond avec celle qui est exprimée par les premiers mots du texte ; dire que la matière peut être ramenée à son premier état, ou dire que la matière subsiste et que la forme seule est changée, c'est exprimer la même idée en deux formes différentes. Le mot *si* doit donc être pris ici, comme il l'est souvent, dans le sens de *puisque*.

La décision de la loi 24 concorde donc parfaitement avec le système de Justinien. Il en est de même de la loi 26, ainsi conçue : *Sed si meis tabulis navem fecisses, tuam navem esse, quia cupressus non maneret, sicuti nec lana vestimento facto, sed cupresseum aut laneum corpus fieret.* Le mot *sed* indique qu'il s'agit ici d'hypothèses présentant des caractères opposés, d'hypothèses où *res ad pristinam speciem reverti non possunt,* où *materies non manet.* Ici encore Paul se trouve d'accord avec la doctrine de Justinien, en décidant que la nouvelle chose doit être attribuée au spécificateur. Point de difficulté sur les principes : mais l'un des exemples qu'il cite paraît mal choisi : c'est celui du navire construit par une autre personne avec mes planches : ici la matière peut être ramenée à son ancien état : on peut détruire le navire, et les planches, sauf des détériorations, redeviendront ce qu'elles étaient. Aussi la loi 61, *De rei vindic.* prévoyant la même hypothèse, attribue-t-elle le navire au propriétaire des planches. C'est la seule décision conforme à la doctrine de Justinien, que Paul paraît bien admettre en principe. Accurse et après lui plusieurs commentateurs, entre autres Doneau, essayent de justifier la décision de Paul en disant qu'elle s'applique au cas où le spécificateur a pris un arbre appartenant à autrui, et en a fait des planches, puis un navire. Ils reconnaissent bien qu'alors l'expression de *navis facta ex alienis tabulis* est impropre, puisqu'en transformant l'arbre en un certain nombre de planches, le spécificateur a fait une nouvelle chose qu'il est impossible de ramener à son ancien état, et par conséquent, dans la doctrine de Justinien et de Paul, en a acquis la propriété. Mais, disent-ils, il est une autre expression qui prouve que, dans la pensée du jurisconsulte, le constructeur a pris l'arbre dans l'état de nature : il dit qu'après la construction *cupressus non manet* : ce qu'il a pris, ce ne sont donc pas des planches de cyprès, c'est un cyprès. L'explication ne me paraît pas admissible : l'expression : *cupressus non manet* n'est pas tellement précise qu'elle ne puisse s'entendre de planches de cyprès ; au contraire celle de *navis alienis tabulis facta* est d'une clarté et d'une précision qui ne laissent place à aucun doute. L'explication d'Accurse et de Doneau a donc le tort d'interpréter un terme clair et précis par un terme obscur et vague : c'est le contraire qui est conforme aux lois d'une saine logique. Je crois donc qu'il ne faut pas hésiter à reconnaître une inadvertance dans l'exemple cité par Paul.

Aux règles que nous venons de donner sur l'attribution de la propriété dans la spécification, il nous faut ajouter deux observations :

1° Dans le cas où la spécification a lieu par le fait d'un ouvrier travaillant par l'ordre ou au nom d'une autre personne, c'est celle-ci qui doit être considérée comme spécificateur.

· 2° Les règles que nous avons données s'appliquent sans distinguer si le spécificateur est de bonne ou de mauvaise foi. Les textes que nous avons cités ne font en effet aucune distinction. Pour soutenir que le spécificateur de mauvaise foi ne doit jamais être déclaré propriétaire, on a invoqué la loi 4, § 20, *De usurpat.* (col. 1352) de Paul. Elle est ainsi conçue : *Si ex lana furtiva vestimentum feceris, verius est ut substantiam spectemus, et ideo vestis furtiva erit.* L'habit sera considéré, entre les mains du spécificateur, comme **res furtiva**; donc il appartient au propriétaire de la laine; donc on n'applique pas ici la doctrine ordinaire qui aurait pour effet de faire attribuer l'habit au spécificateur; pourquoi? Parce qu'il y a vol, parce qu'il y a mauvaise foi. L'argument serait très-fort si une autre loi du même jurisconsulte, la loi 12, § 3, *Ad exhib.*, n'admettait la même décision d'une manière générale et sans distinguer s'il y a bonne ou s'il y a mauvaise foi. Elle est ainsi conçue : *Si quis ex uvis meis mustum fecerit, vel ex lana vestimenta, utriusque nomine ad exhibendum actione tenebitur :* QUIA QUOD EX RE NOSTRA FIT, NOSTRUM ESSE VERIUS EST. On le voit, le principe est posé d'une manière générale; j'en conclus que Paul suivait la doctrine sabinienne (1); que, par conséquent,

____

(1) D'où il suit que les lois 24 et 26, *De acq. rer. dom.*, sont interpolées.

la loi 4, § 20, *De usurpat.*, n'autorise pas à supposer une dérogation admise en haine du spécificateur de mauvaise foi, à la doctrine de Justinien, pas plus que la loi 12, § 3, *Ad exhib.*, n'autorise à soutenir en principe, dans le droit de Justinien, la solution sabinienne. Les deux textes n'ont pris place dans le Digeste que par une inadvertance des compilateurs.

On invoque encore en faveur de la doctrine que nous combattons un autre argument : la personne qui a construit sur le terrain d'autrui est censée, dit-on, avoir aliéné la matière ; pourquoi cette fiction ? Parce que cette personne a dû penser qu'elle pourrait être évincée par le propriétaire du terrain, et que, néanmoins, elle a construit ; elle a donc accepté ce résultat, et, en forçant les termes, on peut dire qu'elle l'a voulu. Or n'en est-il pas de même dans notre hypothèse ? L'ouvrier travaillant *in aliena materia* a dû prévoir que le propriétaire pourrait bien venir reprendre sa chose ; cette considération ne l'a pas arrêté : il a donc accepté ce résultat et l'on peut dire qu'il l'a voulu. Je répondrai d'abord que cette manière de raisonner est mal fondée : dans le cas de construction comme dans celui de spécification, elle est contraire à une saine interprétation de la volonté du constructeur ou de l'ouvrier ; il n'y a là qu'une pure fiction, et les fictions, même en cas de complète analogie, ne doivent pas être étendues hors des hypothèses spéciales pour lesquelles elles sont faites. Mais cette analogie complète se rencontre-t-elle ici ? Je ne le crois pas. Dans l'un et l'autre cas, la majeure du syllogisme est celle-ci : le constructeur et l'ouvrier ont dû prévoir qu'ils pourraient être évincés. Or cela est

vrai pour le constructeur : il sait fort bien qu'il ne devient pas propriétaire, il sait que *œdificium solo cedit ;*
c'est un principe incontesté : en est-il de même de
l'ouvrier? Non, car pour cela il faudrait admettre
comme un principe également incontesté que le spécificateur de mauvaise foi ne devient pas propriétaire
de la *nova species*, or c'est précisément ce qui est en
question ; le raisonnement de nos adversaires repose
sur une pétition de principe.

Quant à la réglementation de l'indemnité et aux actions par lesquelles elle peut être poursuivie, nous n'a-
vons rien à dire de particulier pour le cas où la *nova
species* est attribuée à l'ouvrier. Si elle est attribuée au
propriétaire de la matière, il faut distinguer si l'ouvrier a été ou non de bonne foi. S'il a été de bonne
foi, et qu'il soit en possession, il se fera indemniser
par l'exception de dol, du prix de son travail, ou du
moins de l'augmentation de valeur qu'en a reçue la
chose. Il en résulte que le propriétaire devra être
exempt de toute indemnité s'il revendique la chose
pour la ramener *ad pristinam speciem*, et même, si les
matériaux sont détériorés, il pourra s'en faire tenir
compte par l'action de la loi Aquilia.

Si l'ouvrier n'est pas en possession, il faut, ce me
semble, lui accorder une action *in factum*, par analogie de la décision donnée pour le cas d'adjonction,
par la loi 22, § 5, *De rei vindic.*

Si l'ouvrier est de mauvaise foi, il faut, par analogie de la décision appliquée généralement, sinon
unanimement, au cas du constructeur de mauvaise foi,
lui refuser toute indemnité. Nous avons vu que cette

décision était tempérée par la faculté accordée au constructeur *ut sine dispendio domini areæ tollat ædificium quod posuit.* Faudra-t-il, dans notre hypothèse, décider, par analogie, que le spécificateur pourra ramener la matière à son ancien état ? Je ne le crois pas : si on lui permet d'enlever les constructions, c'est qu'il peut en retirer un profit ; dans notre cas, au contraire, il n'aurait aucun intérêt à détruire son ouvrage, ce serait une pure vexation contre le propriétaire : or *malitiis non indulgendum.*

Les règles que nous venons d'indiquer doivent-elles s'appliquer au cas où le spécificateur a employé en partie sa matière, et en partie celle d'autrui ? Les Institutes de Gaïus et la loi 7, *De acq. rer. dom.,* ne laissent supposer, pour ce cas particulier, aucune dérogation à la règle générale qui y est contenue. Mais le § 25, *De divis. rer.,* aux Institutes, la prévoit spécialement, et donne la décision suivante : *Dubitandum non est hoc casu eum esse dominum qui fecerit, quum non solum operam suam dedit, sed et partem ejusdem materiæ præstavit.* Comme on le voit, la formule est absolue. D'après cette décision, qui paraît bien être une innovation de Justinien, le spécificateur est toujours, dans ce cas, propriétaire de la *nova species.* Cette solution n'est nullement conforme au principe théorique admis par Justinien lui-même en matière de spécification ; car ce principe, comme nous l'avons vu, consiste à admettre que l'ancienne matière n'a péri, et que par suite son propriétaire n'a perdu ses droits que lorsque la transformation est irrémédiable ; il doit rester vrai dans le cas où cette matière n'a pas été employée seule ; pourvu qu'elle puisse être ramenée à son ancien état, il est toujours vrai de dire qu'elle subsiste, et que par conséquent elle n'a pas cessé d'appartenir à son ancien propriétaire. Illogique en théorie, la décision de Justinien n'est pas plus raisonnable en pratique ; elle met le propriétaire à la merci du spécificateur, qui, pour consommer la spoliation, n'a qu'à employer à la confection de la *nova species* une certaine quantité de matière qui lui appartienne.

La bizarrerie de ce résultat a frappé certains commentateurs qui ont soutenu que la décision du § 25, *in fine*, ne devait s'appliquer qu'au cas où la matière ne peut pas être ramenée *ad pristinam speciem ;* pour cela ils ont dit que les termes trop généraux de ce passage devaient être interprétés en rapprochant du principe qu'il énonce les exemples d'application qu'il indique ; ces exemples sont ceux du *mulsum,* de l'*emplastrum* et du *collyrium,* trois cas de spécification où les matières employées ne peuvent revenir *ad pristinam speciem.* Mais rien dans les termes du passage qu'on veut ainsi interpréter n'indique l'idée de cette restriction ; tout prouve au contraire qu'elle est étrangère à la pensée des rédacteurs des Institutes ; si on l'admettait, il serait inutile de prévoir spécialement l'hypothèse où le spécificateur a employé en partie une matière qui lui appartient, puisqu'elle serait soumise aux règles générales, et pourtant les rédacteurs des Institutes ont cru nécessaire de lui consacrer une phrase particulière qu'ils ne trouvaient pas dans Gaïus et qu'ils ont évidemment ajoutée à dessein. Les partisans de l'opinion que nous combattons ont encore invoqué les lois 3, §§ 2, 4 et 5, *De rei vindic.*, mais l'argument n'est pas sérieux ; ces textes s'appliquent manifestement, non pas à la spécification, mais au mélange. Enfin ils ont cité la loi 12, § 1, *De acq. rer. dom.*, ainsi conçue : *Si ex œre meo et argento tuo conflato aliqua species facta sit, non erit ea nostra communis, quia, quum diversœ materiœ œs atque argentum sit, ab artificibus separari et ad pristinam materiam reduci solet.* Sans doute, si le texte s'applique à l'hypothèse où l'un des deux propriétaires est en même temps le spécificateur, sa décision est une infraction au principe des Institutes ; mais, fût-on obligé de l'admettre, on ne devrait pas être surpris que les compilateurs du Digeste aient laissé s'introduire dans le *Corpus juris* une décision qui se rattache à la doctrine des jurisconsultes classiques, et s'accorde mal avec la nouvelle doctrine de Justinien. D'ailleurs, en présence du texte de la loi 12, § 1, l'antinomie ne me paraît pas certaine. On peut très-bien supposer (les expressions du jurisconsulte se prêtent parfaitement à cette conjecture) que cette loi s'applique au cas où la *nova species* a été formée avec mon cuivre et votre argent par une tierce personne.

Quelle étendue les jurisconsultes romains accordaient-ils à l'idée de spécification ? Nous avons déjà vu qu'ils n'ont pas su la faire intervenir à propos dans les hypothèses de la *scriptura* et de la *pictura*. Nous trouvons dans la loi 26, § 3, *De acq. rer. dom.*, une autre décision d'où il résulte également qu'ils n'ont pas su toujours appliquer assez largement cette idée. Le jurisconsulte se demande s'il y a spécification lorsqu'on a teint de pourpre un écheveau de laine, et il se répond négativement, *quia nihil interest inter eam purpuram et eam lanam quæ in lutum aut cœnum cecidisset, atque ita pristinum colorem perdidisset.* Évidemment le motif est mal choisi et indique une intelligence incomplète de l'idée de spécification. Il y a entre les deux hypothèses qu'assimile le jurisconsulte une différence radicale : c'est que la laine teinte de pourpre est douée par là de propriétés nouvelles, ce qui n'arrive pas pour la laine tachée de boue ; les faits sont matériellement analogues, mais le résultat est différent. Si la décision de Paul peut être justifiée, c'est par un autre motif, c'est en disant que la teinture a embelli la laine sans la transformer complétement, qu'elle en a fait une chose meilleure, sans en faire une autre chose ; que par conséquent il y a là un cas d'adjonction, non de spécification. A ce point de vue, on peut la trouver exacte ; mais le raisonnement de Paul n'en révèle pas moins une erreur fréquente dans les jurisconsultes romains, et procédant d'une intelligence incomplète de ce principe, que le droit doit envisager les choses bien moins au point de vue de leur composition matérielle que de leurs propriétés usuelles, de leur destination spécifique.

Nous avons terminé l'étude des trois espèces d'accession proprement dite, l'adjonction, le mélange et la spécification. Il nous reste à parler de la matière toute spéciale des accroissements qui peuvent résulter pour un champ du voisinage d'un fleuve ou d'une rivière.

Ces accroissements peuvent avoir lieu d'une ma-

nière insensible, soit par le dépôt de matières argi‑
leuses ou autres que le fleuve amasse sur la rive (c'est
l'hypothèse du lai), soit par le retrait des eaux qui
laissent à nu une partie du lit (c'est l'hypothèse du
relai). Ces deux classes de faits sont comprises sous le
nom commun d'*alluvio*. Tous les textes relatifs à cette
matière s'accordent à déclarer, avec Gaïus (comm. 2,
§ 70), que *quod per alluvionem nobis adjicitur jure na‑
turali nostrum fit.*

Après cette hypothèse sur laquelle nous n'avons à
faire aucune observation, Gaïus prévoit en ces termes
l'hypothèse dite de l'avulsion : *Quod si flumen partem
aliquam detraxerit ex tuo prædio et ad meum prædium
attulerit, hæc pars tua manet.* Mais cela n'est vrai que
pendant un certain temps : la loi 7, § 2, après avoir
reproduit à peu près textuellement les mots que nous
venons de citer, ajoute : *Plane si longiore tempore vi‑
cini fundo hæserit, arboresque quas secum traxerit, in
meum fundum radices egerint, ex eo tempore videtur
meo fundo acquisita esse* (1). Rien n'est plus juste : re‑
connaître que cette portion de terrain telle qu'elle est,
et à l'endroit qu'elle occupe actuellement, appartient
à son ancien propriétaire, ce serait injustement priver
de la qualité de riverain le propriétaire du champ au‑
quel elle adhère ; permettre à cet ancien propriétaire
de l'enlever serait le plus souvent contraire aux inté‑

---

(1) Le texte des Institutes, *De divis. rer.*, § 21, porte : *Videntur ac‑
quisitæ esse,* ce qui s'applique aux arbres ; mais au fond la décision est la
même : on ne peut séparer la propriété des arbres de celle du fonds au‑
quel ils adhèrent.

rêts de l'agriculture. Aussi, dès que les arbres ont poussé des racines dans le champ auquel adhère la partie enlevée par le courant, la cohésion est définitive, l'accession est consommée.

Troisième hypothèse que nous avons à examiner : un fleuve, soit qu'il tarisse, soit qu'il prenne un autre cours, laisse son lit complétement à sec. Comment régler la propriété de ce lit? Il faut distinguer s'il a été, de temps immémorial, occupé par le fleuve, ou s'il formait un champ que les eaux ont envahi pour le laisser ensuite à sec. Dans le premier cas, la loi 7, § 5, *De acq. rer. dom.*, et le § 23, *De divis. rer.*, aux Instituts, décident que *prior alveus eorum est qui prope ripam prædia possident, pro modo latitudinis cujusque prædii, quæ latitudo prope ripam sit.* Dans le second, le texte des Instituts semble bien, par la généralité de ses termes, admettre la même solution. Mais Gaïus (l. 7, § 3, *De acq. rer. dom.*), tout en la déclarant conforme aux principes, la considère comme difficilement admissible, et la loi 30, § 3, au même titre, de Pomponius, décide formellement le contraire. On y suppose un champ situé entre un fleuve et une voie publique : le fleuve envahit ce champ, puis l'abandonne pour rentrer dans son premier lit; le champ en question est un lit desséché; dans la doctrine des Instituts, il devrait accéder à la voie publique ou au champ qui est au delà. Le jurisconsulte décide au contraire sans hésiter qu'il rentre en la propriété de son ancien maître. D'autre part, nous voyons Alfenus Varus, dans un texte célèbre par ses difficultés, et sur l'explication duquel on est, je crois, unanimement fixé aujourd'hui, appliquer, sans plus d'hésitation, la doctrine absolue des Institutes. La question était donc controversée, et cela s'explique facilement. La solution des Institutes était conforme aux principes admis, mais l'équité fournissait contre elle un puissant argument.

Quant à l'inondation, elle ne change rien à l'état juridique du fonds inondé (V. § 24, *De divis. rer.*, aux Instit., et l. 7, § 6, *De acq. rer. dom.*).

Il nous reste à traiter une quatrième hypothèse, celle de l'île née dans un fleuve. En laissant de côté l'île flottante, qui est publique comme le fleuve sur lequel elle est portée (l. 65, § 2, *De acq. rer. dom*), on peut distinguer, avec Pomponius (l. 30, § 2, *ibid.*), trois espèces d'îles : 1° l'île formée par exhaussement d'une portion du lit ; 2° l'île formée par abaissement du niveau des eaux qui laisse à nu une portion du lit ; 3° l'île formée d'un champ que le fleuve entoure de ses eaux en le divisant en deux branches pour se réunir ensuite. Dans les deux premiers cas, Pomponius décide que *privata insula fit ejus cujus ager propior fuerat, cum primum exstitit.* La loi 7, § 3, *ibid.*, reproduit la même décision en ajoutant que, dans le cas où l'île occupe le milieu du fleuve, *communis est eorum qui ab utraque parte fluminis prope ripam prædia possident,* ce qui semble bien indiquer qu'on leur donne l'île à partager, au lieu d'attribuer divisément à chacun ce qui est de son côté par rapport à la ligne médiane du fleuve. Faisons d'ailleurs remarquer que, pour distinguer si l'île doit être considérée comme située *in media parte fluminis,* ou au contraire comme *uni ripæ propior,* il faut l'envisager, non pas au moment quelconque où il s'agit d'en régler la propriété, mais au moment où elle s'est formée, *quum primum exstitit*. Ce moment n'est d'ailleurs pas, cela va de soi, celui où un point solide s'est montré au-dessus des eaux, mais celui où il a véritablement existé une île, où le mouvement d'exhaussement du lit ou d'abaissement des eaux s'est arrêté pour faire place à un état de choses désormais stable, sauf les modifications nouvelles que peuvent créer de nouveaux mouvements.

Nous avons supposé jusqu'ici que le champ ou les champs riverains auxquels l'île accède s'étendent sur une longueur au moins égale à celle de l'île, de telle sorte que tous les points de son contour soient en face du même champ; supposons maintenant qu'il en soit autrement, que la portion de la rive qui correspond à la longueur de l'île au moment où elle s'est formée appartienne divisément à deux héritages contigus. Alors il faut, du point de séparation des deux héritages, tirer une ligne perpendiculaire à l'axe du fleuve; cette ligne coupera l'île en deux zones dont chacune sera attribuée au propriétaire du champ qui lui correspond. C'est ce que décide Paul dans la loi 29, *De acq. rer. dom.*

Telles sont les règles qui régissent la propriété de l'île au moment où elle se forme : supposons maintenant que sa longueur augmente par alluvion, et qu'elle s'étende ainsi en face d'un champ que, dans son état primitif, elle ne regardait pas. La loi 56, *princ.*, *De acq. rer. dom.* de Proculus, décide sans hésiter qu'elle continuera d'appartenir intégralement à son propriétaire primitif. Il faudrait évidemment admettre par analogie là même solution dans le cas où, formé primitivement d'un seul côté de la ligne médiane, elle s'accroîtrait par alluvion de manière à s'étendre au delà.

Autre hypothèse : une île se forme entre l'île qui m'a été précédemment attribuée et le champ riverain d'en face. Paul, dans la loi 65, § 3, *ibid.*, décide que *mensura eo nomine erit instruenda a tua insula non ab agro tuo, propter quem ea insula tua facta fuerit; nam quid interest qualis ager sit, cujus propter propinquitatem posterior insula cujus sit, quœratur?*

Proculus, dans la loi 56, § 1, applique la même idée au cas où le lit se dessécherait entre l'île et le champ riverain d'en face. Il devra être partagé par moitié entre le propriétaire du champ riverain et le propriétaire de l'île.

Les règles que nous venons de donner sur l'attribution de l'île aux riverains devraient-elles s'appliquer dans le cas où le lit serait un champ envahi par le fleuve et enlevé ainsi à son propriétaire ? Les textes ne font aucune réserve ; mais il est permis de penser qu'ils n'ont pas prévu ce cas : sans doute on lui aurait appliqué la même décision que si le lit entier se trouvait desséché, et la divergence que nous avons reconnue entre Gaïus et Alfenus d'une part, et Pomponius de l'autre, se serait reproduite ici. Hors ce cas exceptionnel, l'attribution aux riverains des îles formées dans un fleuve était-elle admise sans controverse ? On pourrait en douter en présence de la loi 65, § 4, *ibid.*, de Labéon, ainsi conçue : *Si id quod in publico innatum aut œdificatum est publicum est, insula quoque quœ in*

flumine publico nata est , publica esse debet. Il est difficile de se fonder sur ce texte pour croire à une divergence, lorsque, dans le § 2 de la même loi, on voit le
jurisconsulte déclarer expressément que *si quà insula
in flumine publico proxima tuo fundo nata est, ea tua est.*
Sans parler de plusieurs conjectures arbitraires qui ont
été faites pour expliquer le § 4, et qui consistent, soit à
le faire précéder du mot *non,* soit à l'entendre comme
s'appliquant à l'île flottante, on peut croire que la
phrase en question a été maladroitement détachée
d'un texte de Labéon, où il aurait exposé le système
contraire pour le réfuter ensuite.

Reste l'hypothèse de l'île formée par le fleuve qui
entoure un champ de ses eaux en se divisant pour se
réunir ensuite. On ne fait alors aucune attribution
de propriété nouvelle : le propriétaire conserve son
champ ; il n'y a aucune raison de l'en dépouiller.

Les règles que nous venons de donner sur l'alluvion, l'acquisition des îles et du lit desséché, s'appliquent aux fleuves et aux rivières (*flumina*), Mais elles
ne s'étendent pas aux ruisseaux (*rivi*), qui, d'après la
loi 1, § 1, *De fluminibus* (col. 1402), se distinguent des
flumina magnitudine aut existimatione incolentium. Les
rivi sont *privati,* et les portions de leur lit qui restent
à sec continuent d'appartenir à leur propriétaire.

Il en est de même des cours d'eau considérables,
mais intermittents (*flumina torrentia*), comme on peut
le voir dans la même loi 1, *De flumin,* §§ 2 et 3 (1), et

---

(1) C'est sans doute en faisant allusion à ces *flumina torrentia* que
Marcien (l. 4 , § 1 , *De divis. rer. et qual.,* au Dig.) dit : *Flumina pene
omnia publica sunt.*

des lacs et étangs, lesquels constituent des propriétés privées qui peuvent se transformer sans changer de propriétaire (V. l. 22, *princ.*, *De acq. rer. dom.*; l. 24, § 3, *De aqua et aquæ pluviæ arcendæ*, col. 1261).

Enfin, même pour les *flumina perennia*, il faut faire exception aux règles précédemment indiquées dans le cas où leurs rives sont formées par des *agri limitati*. *In agris limitatis jus alluvionis locum non habere constat*, dit Florentinus dans la loi 16. *De acq. rer. dom.* Dès lors, si l'une des deux rives seulement est un *ager limitatus*, toutes les portions du lit qui restent à sec accèdent à l'autre rive ; si toutes deux sont *agri limitati*, il semblerait naturel que le lit desséché conservât sa qualité de *res publica;* il n'en est rien pourtant ; il devient *res nullius*, et le premier occupant en acquiert la propriété (V. l. 1, *De fluminibus*, §§ 6 et 7).

Reste à préciser ce que c'est qu'un *ager limitatus.* La loi 16, *De acq. rer. dom.*, contient les mots suivants; *Trebatius ait agrum qui hostibus devictis concessus sit ut in civitatem veniret*, *habere alluvionem neque esse limitatum; agrum autem manucaptum limitatum fuisse ut sciretur quid cuique datum esset*, *quid venisset*, *quid in publico relictum esset.* Voici deux hypothèses qu'on nous présente comme différentes; il n'y a pas limitation dans la première, il y a limitation dans la seconde; celle-ci doit donc nous occuper d'abord ; elle est bien nettement indiquée; on a conquis un terrain : on en conserve une partie pour le peuple romain, on en vend une autre, on en donne une troisième gratuitement, probablement à des soldats, et on fait une limitation pour bien distinguer les parts. En quoi consisté cette limitation? Le jurisconsulte n'en dit rien, et l'on n'a pu faire à ce sujet que des conjectures plus ou moins plausibles. Y a-t-il eu simplement arpentage? A-t-on planté des bornes? Le texte est muet; tout ce qu'on peut affirmer c'est qu'il suppose évidemment qu'il y a une délimitation effective, au moins par arpentage; car il déclare *agrum limitatum fuisse ut sciretur quid cuique datum esset*, etc., et il oppose à cette hypothèse une autre hypothèse où il ne reconnaît pas qu'il y ait limitation, et par conséquent suppression du *jus alluvionis* : c'est celle de l'*ager hostibus devictis concessus ut in civitatem veniret*, du territoire conquis puis restitué en bloc à l'ennemi à condition de faire partie du territoire de la république (1). Or cette hypothèse ne se distingue de l'autre qu'en un point; c'est que, la concession ayant eu lieu en bloc, il n'y a pas eu besoin d'arpentage ni de délimitation d'aucun genre.

Nous pouvons donc tenir pour constant qu'il n'y a *ager limitatus* que là où il y a délimitation effective; mais cette condition nécessaire est-elle suffisante? Il est à remarquer que dans l'hypothèse de limitation indiquée par la loi 16, la distribution a été faite par l'État. Est-ce là une seconde condition nécessaire ou au contraire toutes les fois qu'il y a eu délimitation effective, fût-elle opérée par un particulier, y a-t-il *ager limitatus*, et, par conséquent, suspension du *jus alluvionis?* Je reconnais que le texte de la loi 16 ne semble

---

(1) Telle est, parmi les différentes hypothèses qu'on a présentées, celle qui me parait le mieux se rapporter au sens naturel des termes.

nullement indiquer que l'hypothèse par lui présentée soit la seule où il y ait limitation ; mais il ne me paraît pas raisonnable de priver un propriétaire riverain des avantages du *jus alluvionis*, parce qu'il aura arpenté son terrain ou élevé un mur ou une haie sur la limite. Au contraire, quand l'État fait à un particulier la concession d'un champ dont il précise l'étendue, je comprends qu'on y voie une raison pour ne pas admettre que cette étendue puisse s'accroître aux dépens de terrains publics. Je pense donc que, pour qu'il y ait limitation, il faut qu'il y ait attribution par l'État avec délimitation effective. Ces deux points peuvent être constatés, je crois, d'une manière certaine, d'après le texte que j'ai cité : le reste est du domaine de la pure conjecture.

Nous avons fait maintenant la théorie complète des accroissements qui peuvent résulter pour un champ du voisinage d'un fleuve ou d'une rivière. En laissant de côté l'hypothèse de l'avulsion, nous avons constamment vu une portion du lit desséché perdre, par cette transformation, sa qualité de chose publique pour devenir la propriété des riverains. A quelle idée générale se rattachent, dans la pensée des jurisconsultes romains, ces diverses décisions ? On a présenté à ce sujet le système suivant : les riverains sont propriétaires du terrain occupé par le fleuve ; seulement, tant que le fleuve y coule, tant que ce terrain est *alveus fluminis*, leur propriété est grevée d'une servitude d'utilité publique qui, dans l'intérêt de la navigation, de l'industrie, de l'agriculture, les empêche de rien faire pour arrêter ou détourner le cours de l'eau et paralyse entièrement leur droit de propriété. Mais qu'une portion quelconque de ce terrain cesse d'être occupée par les eaux, la servitude disparaît, la propriété des riverains redevient libre. Toutes les décisions que nous venons de voir ne sont que des applications de ce principe, que Pomponius consacre expressément dans la loi 30, § 1, *De acq. rer. dom.*, ainsi conçue : *Celsus filius, si in ripa fluminis quæ secundum agrum meum sit, arbor nata sit, meum esse ait;* QUIA SOLUM IPSUM MEUM PRIVATUM EST, USUS AUTEM EJUS PUBLICUS INTELLIGITUR, *et ideo, quum exsiccatus esset alveus, proximorum fit,* QUIA JAM POPULUS EO NON UTITUR.

Ce texte prouve d'une manière irréfragable que l'idée du système que nous venons d'exposer n'était pas étrangère aux jurisconsultes romains, qu'elle avait même été adoptée, au moins par certains d'entre eux. Mais est-elle d'accord avec les décisions données par eux dans chaque hypothèse particulière? donne-t-elle la clef de toutes les solutions que nous venons de parcourir? Je ne le crois pas. Je ne pense pas, avec Pomponius et la plupart des commentateurs modernes, qu'elle soit réellement au fond de la théorie que nous venons d'exposer. Pour nous en convaincre, il nous suffira de l'admettre un instant par hypothèse et de la rapprocher de chacune des solutions que nous venons de constater; nous la trouverons inconciliable avec un certain nombre d'entre elles.

Si les riverains sont propriétaires du terrain qui forme le lit, ils le sont chacun jusqu'à la ligne médiane. Supposons donc qu'une île se forme dans le fleuve et soit coupée par cette ligne médiane : les riverains de chaque côté devront être propriétaires chacun d'une partie de l'île, celle qui se trouve, relativement à eux, en deçà de cette ligne. Au contraire nous avons vu proclamer que, dans ce cas, l'île était commune. Autre hypothèse : une île s'est formée en face de mon champ ; elle s'étend par alluvion en face de l'héritage contigu au mien ; la portion qui correspond à celui-ci devrait lui être attribuée, d'après le système que nous avons exposé ; nous avons vu qu'au contraire l'île entière continue de m'appartenir. Je suppose maintenant qu'entre cette île qui m'est attribuée et la rive opposée, il se forme une île nouvelle : dans le système que nous combattons, si elle est, par rapport à la rive dont je suis propriétaire, au delà de la ligne médiane, elle devra appartenir au propriétaire de la rive opposée ; au contraire nous avons vu décider qu'il faut, pour en régler la propriété, tracer la ligne médiane entre l'île et la rive opposée.

Enfin, dans le cas où le fleuve a envahi un champ pour l'abandonner ensuite, ce champ, en devenant *alveus fluminis*, aurait été, dans le système que nous réfutons, simplement grevé d'une servitude publique, sans cesser d'appartenir à son propriétaire. Les eaux, en l'abandonnant feraient disparaître cet *usus publicus*, et le rendraient à la pleine propriété de son ancien maître : ce ne serait là que l'application des principes ; et pourtant nous avons vu Gaïus (l. 7, § 5, *De acq. rer. dom.*) déclarer cette solution illogique, bien que conforme à l'équité ; nous avons vu les Institutes (*De divis. rer.*, § 23) consacrer formellement la décision contraire. Nous l'avons retrouvée également dans Alfenus Varus (l. 38, *De acq. rer. dom.*). Pomponius seul, dans la loi 30, § 3, *ibid.*, admet cette décision rejetée par les autres jurisconsultes ; mais sa doctrine ne peut prévaloir sur celle de trois autres textes ; elle n'est peut-être qu'une opinion personnelle, une conséquence de l'idée théorique exprimée dans le § 1 de la même loi, et qui, nous croyons l'avoir suffisamment prouvé, ne s'accorde pas avec plusieurs des solutions consacrées, en notre matière, par les textes du *Corpus juris*.

Les droits accordés aux riverains sur les portions du lit qui restent à sec, ne sont donc pas, en droit romain, la conséquence d'une sorte de nue propriété qui leur serait reconnue sur le terrain qui forme le lit de la rivière. Ce terrain est chose publique, et si, lorsqu'il cesse d'être occupé par les eaux, lorsqu'il cesse d'être *alveus fluminis*, on en concède la propriété aux riverains, c'est par des considérations d'utilité publique et de balance d'intérêts que nous ferons ressortir lorsque nous traiterons la matière en droit français ; c'est parce que l'état croit utile de se dessaisir en leur faveur de sa propriété.

Nous avons terminé l'étude des diverses hypothèses qui se rattachent à la théorie de l'accession. Il nous reste à étudier une question qui, bien qu'elle soit sans importance pratique, a été, depuis quelque temps, l'objet de vives controverses : c'est la question de savoir si l'accession est, en droit romain, un moyen d'acquérir la propriété.

Cette question se subdivise en deux autres : 1° Dans les différentes solutions que nous venons d'examiner, y a-t-il réellement attribution de propriété? 2° Quelle était, à ce sujet, l'opinion des jurisconsultes romains?

La première de ces deux questions semble résolue dès qu'on la pose comme nous venons de le faire : voici des matériaux qui appartenaient à Titius ; je m'en sers pour bâtir une maison sur mon terrain, je deviens propriétaire du tout. Comment nier qu'il y ait là attribution de propriété à mon profit? comment traduire cette idée, si ce n'est en ces termes : le fait de l'adjonction m'a transféré la propriété des matériaux de Titius, propriété résoluble en cas de destruction de l'édifice, mais enfin propriété. Autre exemple : j'étais propriétaire d'un tonneau de vin, Titius d'un autre tonneau ; on les mélange, je deviens copropriétaire du tout. Comment exprimer ce résultat, si ce n'est en disant que le mélange m'a transféré la propriété indivise du vin de . Titius, et réciproquement? Je prends le bloc de marbre de Titius et j'en fais une statue : je deviens propriétaire du tout. Qu'est-ce à dire, sinon que la spécification m'a transféré la propriété du marbre de Titius? Une île se forme vis-à-vis de mon champ, elle m'est attribuée : n'y a-t-il pas acquisition à mon profit?

Pour contester cette manière d'interpréter les faits, on s'est appuyé sur la maxime : *extinctæ res vindicari non possunt*, et l'on a dit : Au point de vue juridique, il n'est pas vrai de dire que je deviens propriétaire des matériaux de Titius, du vin de Titius, du marbre de Titius ; car il n'y a plus de matériaux, *materies est extincta :* il y a un édifice ; il n'y a plus deux tonneaux de vin : il y a une seule masse de vin ; il n'y a plus un bloc de marbre : il y a une statue. Voilà un langage métaphorique dont il faut préciser le sens exact : les matériaux n'existent plus, nous dit-on ; cela ne peut vouloir dire qu'une seule chose : c'est qu'ils n'existent plus en tant que matériaux, c'est qu'ils ne font plus qu'un avec le sol auquel ils adhèrent, et ne sont, dans l'état actuel, susceptibles d'aucun usage, d'aucune destination indépendante. Quand on dit que le vin de Titius n'existe plus, cela est vrai seulement en ce sens que ce vin ne fait qu'un avec le mien, qu'il n'a plus une existence distincte et indépendante. Quand on dit que le bloc de marbre n'existe plus, cela ne signifie qu'une chose, c'est qu'il a revêtu une forme nouvelle, c'est que sa destination, c'est que l'ensemble de ses propriétés s'est essentiellement modifié. Mais il n'en est pas moins vrai que les matériaux, que le vin, que le marbre existent toujours réellement, matériellement, qu'ils peuvent toujours être l'objet d'un droit de propriété, et que ce droit de propriété a passé d'une personne à une autre. La discussion n'est donc pas soutenable, si l'on veut s'entendre sur le sens exact des termes : le raisonnement que nous réfutons n'est en réalité qu'un jeu de mots.

Aussi ne doit-on pas s'étonner que cette difficulté n'ait pas été soulevée par les jurisconsultes romains : nous n'en trouvons, en effet, aucune trace dans les textes. On a prétendu pourtant aller chercher, sous les décisions qu'ils donnent et les explications dont ils les entourent, la trace de leurs idées sur ce point, et l'on a raisonné ainsi : A tort ou à raison, les jurisconsultes romains invoquent contre le propriétaire de la chose accessoire, pour lui refuser la *vindicatio*, le principe : *extinctæ res vindicari non possunt ;* donc, puisqu'ils envisagent la chose accessoire comme n'existant plus, ils ne peuvent, sans inconséquence, la considérer comme acquise au propriétaire de la chose principale. Nous n'avons qu'un mot à répondre : c'est que les termes doivent être entendus relativement à la matière à laquelle on les applique. Quand les jurisconsultes romains, se posant la question de savoir si le propriétaire de la chose accessoire peut la revendiquer, se répondent négativement, en invoquant le principe : *extinctæ res vindicari non possunt*, ils n'entendent pas dire que cette chose n'existe plus matériellement, ce qui serait absurde, mais qu'elle a subi une transformation par suite de laquelle elle doit être considérée, au point de vue de la *vindicatio*, comme une *res extincta ;* et cela n'empêche pas de dire qu'elle existe toujours et qu'elle a passé d'un propriétaire à un autre : la preuve, c'est que les jurisconsultes romains le disent à chaque instant, c'est que Paul s'exprime ainsi dans la loi 23, § 1, *De rei vindic. : In omnibus igitur istis, in quibus mea res per prævalentiam alienam rem trahit* MEAMQUE EFFICIT ; c'est que, soit dans la loi 7, *De acq. rer. dom.* soit dans les Institutes de Gaïus, soit dans celles de Justinien, on voit se reproduire à chaque instant les expressions : *nostra fit, acquiritur*, etc. Enfin, ce qui est plus décisif encore, c'est que, dans leurs Institutes, Gaïus et Justinien étudient les diverses hypothèses dont nous avons parlé en s'occupant des modes naturels d'acquisition de la propriété, et, lorsqu'ils en commencent l'énumération, s'expriment ainsi : *Sed et id..... jure gentium nostrum fit.*

Ainsi, nous sommes autorisés à dire, à tous les points de vue, que l'accession est, en droit romain, un mode d'acquisition de la propriété. Ce système a-t-il quelques conséquences pratiques? On pourrait le croire et raisonner de la manière suivante : en supposant que la chose accessoire ait été hypothéquée, s'il est vrai de dire qu'après l'accession elle existe toujours et qu'elle a seulement changé de propriétaire, il faudra en conclure que le droit d'hypothèque subsiste, car il comprend un droit de suite et survit aux changements de propriété. Ainsi, des matériaux ont été hypothéqués; qu'ils soient vendus et livrés, l'hypothèque n'en subsistera pas moins; il en sera de même s'ils ont été employés en constructions sur un terrain qui n'appartient pas à leur propriétaire; dans l'un comme dans l'autre cas, les matériaux subsistent, ils ont seulement changé de propriétaire. Cette manière de raisonner serait mal fondée : l'accession est bien un mode d'acquisition de la propriété, mais un mode tout particulier. Si la propriété de la chose accessoire passe au propriétaire de la chose principale, c'est qu'il est impossible que cette chose reste l'objet d'une propriété distincte, indépendante, c'est qu'il serait absurbe qu'une personne eût sur elle un droit qu'elle n'aurait pas sur la chose principale, car il lui serait impossible de l'exercer sur l'une sans l'exercer en même temps sur l'autre. Eh bien ! si cette raison est opposable au propriétaire de la chose accessoire, elle est opposable également à celui qui a sur cette chose un droit d'hypothèque ou un autre droit quelconque, et en admettant que l'accession est un mode d'acquisition de la propriété, nous ne sommes nullement forcés de conclure que l'hypothèque dont la chose accessoire était grevée survit à l'accession. La question que nous avons examinée en dernier lieu n'a donc aucun intérêt pratique.

DROIT FRANÇAIS.

La matière de l'accession est traitée dans le titre 2 du livre 2 du Code Napoléon, portant pour rubrique ces mots : De la propriété. Après avoir, dans l'art. 544, défini le droit de propriété, dans l'art. 545, posé le principe que nul ne peut être privé de sa propriété si ce n'est pour cause d'utilité publique et moyennant une juste et préalable indemnité, le législateur s'exprime ainsi dans l'art. 546 : « La propriété d'une chose, » soit mobilière, soit immobilière, donne droit sur tout » ce qu'elle produit et sur tout ce qui s'y unit soit na- » turellement, soit artificiellement. Ce droit s'appelle » droit d'accession. » En conséquence de cette défi- nition et de la division qu'elle indique, il traite, dans un premier chapitre, de l'acquisition des fruits, sous cette rubrique : Du droit d'accession sur ce qui est pro- duit par la chose, et dans un second, sous la rubri- que : Du droit d'accession sur ce qui s'unit et s'incor- pore à la chose, il s'occupe des diverses hypothèses dont nous avons étudié la solution en droit romain. Nous ne reviendrons pas sur la critique que nous avons déjà faite de cette classification, qui réunit sous une même appellation deux matières essentiellement distinctes, celle de l'acquisition des fruits et celle de l'accession proprement dite. Nous ne ferons remarquer cette erreur, moins grave d'ailleurs dans un Code que dans un ouvrage théorique, que pour écarter l'explication du chapitre Ier, et passer immédiatement à celle du chapitre II.

L'art. 551 est ainsi conçu : « Tout ce qui s'unit et s'incorpore à la chose appartient au propriétaire, d'après les règles qui seront ci-après établies. » Cet article, qui ne pourrait avoir de sens précis que s'il contenait la définition des mots : *s'unir et s'incorporer*, déjà employés dans la rubrique qui précède, n'a d'autre portée que celle d'un simple renvoi aux articles suivants.

Ces articles sont partagés entre deux sections ayant pour rubrique, la première : Du droit d'accession relativement aux choses immobilières ; la seconde : Du droit d'accession relativement aux choses mobilières. Entrons dans l'explication de la première.

Les quatre premiers articles (552 à 555) traitent des constructions, plantations et ouvrages qui peuvent être faits au-dessus et au-dessous du sol.

L'art. 552 débute ainsi : La propriété du sol emporte la propriété du dessus et du dessous.

Le sol (*area*, rez-de-chaussée), c'est la terre depuis sa surface jusqu'à une certaine profondeur. Le dessous, c'est ce que s'étend depuis cette profondeur jusqu'aux entrailles de la terre. Le dessus, c'est la masse atmosphérique qui entoure le globe terrestre, et tout ce qui y est placé, constructions, plantations, etc.

Ces définitions données, que signifie la phrase par laquelle commence l'art. 552? Elle semble au premier abord signifier que le sol, le dessus, et le dessous forment trois propriétés inséparables qui ne peuvent appartenir à des personnes différentes. Telle était, en effet, l'idée du droit civil romain. La loi 1, § 1, *De superficiebus* (col. 1411), admet que le propriétaire du sol peut vendre la superficie, et qu'il est alors obligé de la livrer; mais si l'acheteur est troublé dans sa possession, il n'a pas d'actions qui lui soient propres et doit se faire céder par son vendeur l'action *in rem* civile et l'interdit *uti possidetis*; ce vendeur est donc resté le véritable propriétaire de la superficie. Mais les §§ 2 et 3 de la même loi prouvent que le préteur venait au secours de l'acheteur qui jouissait de la superficie en vertu d'une concession à perpétuité ou du moins pour un long temps, en lui accordant une action *in rem* utile, et, *causa cognita*, un interdit spécial analogue à l'interdit *uti possidetis*; et les §§ 6 à 9 nous montrent que le droit de superficie pouvait être hypothéqué, acquis par prescription, etc. Enfait, le principe du droit civil était donc abrogé.

Notre ancien droit coutumier admettait la division de la propriété du fonds et du tréfonds, c'est-à-dire du dessus et du dessous. L'art. 552 consacre-t-il le principe opposé? Nullement; nous allons voir, dans l'art. 553, qu'un tiers non propriétaire du sol peut, par titre ou prescription, acquérir la propriété d'un souterrain situé dans le bâtiment d'autrui ou de toute autre partie de bâtiment; l'art. 664 admet que les divers étages d'une maison peuvent appartenir à différents

7

propriétaires. Le concessionnaire d'une mine peut ne pas être propriétaire de la surface. Ces dispositions prouvent surabondamment que la première phrase de l'art. 552 n'a pas la signification qu'on pourrait tout d'abord lui attribuer, et qui serait peu raisonnable, puisque, sans aucune nécessité d'ordre public, elle porterait atteinte au principe de la liberté des conventions. Cette phrase n'a donc pas d'autre but que de constater un fait, à savoir que le plus souvent la propriété du sol, du dessus et du dessous est réunie dans les mêmes mains, et qu'en acquérant le sol, on entend acquérir en même temps le dsscus et le dessous. Il n'y a là que la constatation d'une vérité usuelle et nullement une disposition législative.

Il n'en est pas de même des second et troisième alinéas de l'art 552. Ils ont pour but de répondre à cette question : Jusqu'où peut s'étendre, au-dessus et au-dessous de la surface terrestre, le droit de propriété ? Ils la résolvent en n'imposant à ce droit aucune limite, en admettant qu'il n'a d'autres bornes que celles de la puissance même de l'homme ; nous n'entrerons pas dans le détail de leur explication qui ne donne lieu à aucune difficulté.

L'art. 553, auquel nous arrivons, pose deux présomptions : 1° Toutes constructions, plantations et ouvrages sur un terrain ou dans l'intérieur sont présumés appartenir au propriétaire ; 2° ils sont présumés faits à ses frais.

1° Ils sont présumés lui appartenir. Qu'est-ce à dire ? S'il est prouvé qu'il est propriétaire du sol, du dessus et du dessous, propriétaire *a cœlo ad infera*, comme

disaient nos anciens auteurs, il est par là même propriétaire de tous les travaux qui y sont faits, fût-ce par
une autre personne et avec ses matériaux. C'est ce que
nous verrons dans les art. 554 et 555. Il n'y a pas
alors une présomption, il y a une certitude. La présomption dont nous parlons est donc un non-sens si
on l'applique à une personne qui est propriétaire *a cœlo
ad infera*. Faut-il l'appliquer à celle qui est simplement propriétaire du sol *stricto sensu*, de l'*area*, du rez-
de-chaussée, et l'entendre en ce sens que cette personne, par cela seul qu'elle prouve sa propriété sur le
sol, sera présumée propriétaire du dessus et du dessous,
et par conséquent des travaux qui y sont faits? Voyons
si cette seconde signification est plus acceptable que
la première; je suppose que *Primus* est en possession
du sol et de la superficie, tandis que *Secundus* est possesseur du dessous, par exemple d'un souterrain. *Primus* pourrait-il prétendre que la possession du sol en
fait présumer la propriété, et que la propriété du sol
fait présumer celle du dessous? Pourra-t-il, en conséquence, exiger de *Secundus* que, pour conserver la
possession du souterrain, il fasse la preuve de son
droit? Ce serait violer, à l'encontre de *Secundus*, le
principe que le possesseur est défendeur à la revendication, et par conséqnent déchargé du fardeau de la
preuve. Ce serait, tout en admettant comme possible
la propriété isolée du dessus et du dessous, la placer,
sans raison, dans une situation exceptionnellement défavorable, en imposant à celui qui en est investi le
fardeau de la preuve, lors même qu'il en est possession. Cette signification n'est donc pas plus acceptable

que la première. Quel est donc le véritable sens de la présomption en question? Le voici : je suppose que j'ai acheté un champ et que je le possède. *Primus* creuse sous le sol un souterrain et se met en possession. Je revendique contre lui, et je prouve que j'ai acheté le champ avant que le souterrain ne fût construit. *Primus* me répond alors : Vous avez acheté le champ, c'est-à-dire le sol ; vous êtes entré en possession du champ, c'est-à-dire du sol, mais vous n'avez acquis ainsi ni la propriété ni la possession du dessous ; j'ai pu l'occuper, j'ai pu en acquérir la possession ; pour m'évincer prouvez votre droit sur le dessous ! La première phrase de l'art. 553 a pour objet d'écarter cette prétention en déclarant que l'acquisition du champ comprend l'acquisition du dessus et du dessous ; sa présomption peut se formuler ainsi : Lorsque le dessus ou le dessous ne constitue pas d'avance une propriété distincte, la propriété et la possession du sol comprennent la propriété et la possession du dessus et du dessous. Cette présomption n'était pas, du reste, nécessaire à formuler : elle n'est que l'application des principes généraux de la possession ; quand j'achète un champ, j'achète le sol, le dessus et le dessous ; quand je le possède, je possède le sol, le dessus et le dessous : celui qui veut occuper l'un ou l'autre porte atteinte à mon droit de propriété et de possession. En l'absence de la présomption de l'art. 553, cela résulterait encore de l'interprétation naturelle des faits.

L'art. 553 pose une seconde présomption, c'est que le propriétaire du terrain est présumé avoir fait à ses frais tous les travaux qui existent au-dessus et au-dessous du sol. Nous allons voir que ces travaux lui appartiennent, lors même qu'ils ont été faits par d'autres personnes ou à leurs frais ; la seule question qui subsiste est celle de savoir s'il doit quelque indemnité à l'occasion de ces travaux. Notre article déclare qu'il est présumé ne rien devoir, disposition encore plus inutile que la précédente, puisqu'elle n'est que l'application immédiate de ce principe que c'est au créancier à faire la preuve de sa créance.

La seconde phrase de l'art 553 a pour objet de déclarer que les présomptions qu'il contient sont purement relatives et admettent la preuve contraire.

D'après l'analyse que nous venons de faire des art. 552 et 553, les deux idées qu'ils contiennent sont celles-ci : 1° En principe, la propriété n'a de limites, au-dessus et au-dessous du sol, que les bornes mêmes qu'oppose la nature à la puissance de l'homme (art. 552, alinéa 2 et 3). 2° En général le sol, le dessus et le dessous, ne constituent qu'une seule et même propriété, et, dans cet état de choses, la possession du sol comprend la possession du dessus et du dessous (art 552, 1er alinéa, art. 553). Ces idées n'ont en réalité aucun rapport direct avec la théorie de l'accession, et l'on peut s'étonner de voir répéter dans la plupart des auteurs que ces deux articles posent les principes d'où découlent les dispositions qui suivent et que nous allons maintenant aborder.

L'art. 554 est ainsi conçu : « Le propriétaire du sol qui a fait des constructions, plantations et ouvrages avec des matériaux qui ne lui appartenaient pas, doit en payer la valeur ; il peut aussi être condamné à des dommages-intérêts, s'il y a lieu ; mais le propriétaire des matériaux n'a pas le droit de les enlever. » Ainsi, comme en droit romain, *œdificium solo cedit*, le propriétaire du sol est propriétaire du tout, et il l'est à partir du moment soit de la construction, soit de la plantation. Cela ressort nettement des expressions de la loi, qui écarte ainsi la décision romaine d'après laquelle, dans le cas de plantation, il fallait, pour consommer l'accession, que la plante eût pris racines. Le législateur a sans doute pensé qu'il pourrait être souvent difficile de vérifier, dans la pratique, si cette condition était réalisée.

L'appropriation en faveur du propriétaire du sol est-elle définitive? L'affirmative est certaine pour le cas de plantation ; elle était déjà admise en droit romain. Mais, dans les cas de construction, doit il en être de même? Faut-il au contraire admettre, avec les jurisconsultes romains, que, la construction une fois détruite, les matériaux reviendront à leur ancien propriétaire? Le législateur du Code, en posant dans l'art. 554 une règle absolue et sans restriction, en déclarant dans l'art. 712 que l'accession est un moyen d'acquérir la propriété, me paraît rejeter cette doctrine où l'attribution de la propriété n'a lieu que d'une manière résoluble. Il n'a pas cru devoir laisser la propriété des matériaux dans cette espèce d'incertitude qui pourrait devenir la source de difficultés, et aurait l'inconvénient d'intéresser l'ancien propriétaire des matériaux à la démolition de l'édifice.

Voilà pour la réglementation de la propriété. Quant à l'indemnité, elle est réglée par le principe de l'art. 1382. Le constructeur a violé le droit du propriétaire des matériaux, et, par cette violation, lui a causé un préjudice; il doit le réparer. C'est ce que déclare notre article en disant que le propriétaire du sol doit payer la valeur des matériaux qui ne lui appartenaient pas, et peut aussi être condamné à des dommages-intérêts, s'il y a lieu.

Le constructeur, s'il veut démolir et restituer les matériaux, a-t-il le droit d'en précompter la valeur actuelle sur les dommages-intérêts dont il est tenu? On ne voit aucun motif pour lui interdire cette faculté de réparer le dommage qu'il a causé par une restitution en nature ; pourtant, en s'attachant au texte de la loi, il faut, je crois, admettre la négative : d'après les termes de l'art. 554, le propriétaire du sol se trouve de plein droit propriétaire des matériaux et débiteur d'une indemnité en argent. Tel est l'état de choses établi par la loi : il ne peut être modifié que par la volonté commune des parties.

Il nous resterait à préciser la nature des travaux auxquels s'applique l'art. 554, le degré d'union que ces travaux doivent établir entre le sol et les matériaux ; mais cette question se présentera sur l'art. 555 : nous donnerons alors la solution applicable à l'un comme à l'autre cas.

L'art. 555 prend l'hypothèse inverse de celle que nous venons d'examiner, l'hypothèse où une personne a fait des constructions, plantations et ouvrages sur un terrain qui ne lui appartient pas. Le propriétaire du sol devient propriétaire des ouvrages : quant au règlement de l'indemnité, l'art. 555, dont la rédaction bizarre et confuse ne laisse pourtant aucune obscurité, distingue si le constructeur est de mauvaise ou de bonne foi, c'est-à-dire si, au moment où il a construit, il a su ou ignoré qu'il travaillait sur un fonds qui ne lui appartenait pas.

Supposons d'abord qu'il soit de mauvaise foi. Alors, dit l'art. 555, « si le propriétaire du fonds demande la suppression des plantations et constructions, elle est aux frais de celui qui les a faites sans aucune indemnité pour lui. Il peut même être condamné à des dommages-intérêts, s'il y a lieu, pour le préjudice que peut avoir éprouvé le propriétaire du fonds. Si le propriétaire préfère conserver les plantations et constructions, il doit le remboursement de la valeur des matériaux et du prix de la main-d'œuvre, sans égard à la plus ou moins grande augmentation de valeur que le fonds a pu recevoir. »

Ainsi, d'abord le propriétaire du fonds peut exiger la démolition : on s'est demandé s'il n'y avait pas antinomie entre cette disposition et celle de l'article précédent qui défend au propriétaire des matériaux employés par un autre d'en exiger la restitution. L'objection est peu sérieuse : il n'y a aucune analogie entre les deux cas. Dans l'hypothèse de l'art. 554, le propriétaire des matériaux, s'il pouvait exiger la démolition, ne manquerait jamais de le faire, l'édifice eût-il une valeur très-supérieure à celle des matériaux, la construction eût-elle été faite dans les conditions les plus avantageuses. Dans le cas de l'art. 555, il en sera autrement : le propriétaire du sol conservera les travaux dont il est propriétaire, s'ils lui paraissent avan

tageux, puisqu'il devra en bénéficier. Il n'y a donc, je
le répète, aucune analogie sérieuse entre les deux cas.
Est-ce à dire que la disposition de l'art 555 ne puisse
pas être critiquée? Je ne le prétends pas : on peut la
trouver trop rigoureuse pour le constructeur, et soutenir qu'il eût été plus équitable de faire intervenir la
justice pour constater si les travaux sont utiles ou nui-
sibles au propriétaire du fonds : dans le second cas,
il aurait pu exiger la démolition ; dans le premier, il
aurait été forcé d'indemniser le constructeur au moins
jusqu'à concurrence de la valeur dont il s'enrichissait ;
tout se serait alors passé dans les règles de la plus
stricte équité : au contraire, dans le système de la loi,
le propriétaire du fonds, soit par mauvaise entente de
ses intérêts, soit par caprice, peut exiger mal à propos
la démolition : on lui livre le constructeur pieds et
poings liés. L'objection est sérieuse, et pourtant elle
peut, je crois, être écartée par les considérations suivantes : 1° le système qu'on propose engendrerait un
grand nombre de procès; 2° il serait souvent impossible de constater certains intérêts que peut avoir le
propriétaire à conserver son fonds dans tel ou tel état.
Si le système de la loi est dur pour le constructeur, le
système qu'on lui impose serait quelquefois injuste
pour le propriétaire qui mérite certainement plus de
faveur.

Si, au lieu d'exiger la démolition, le propriétaire
conserve les travaux, il doit indemniser le constructeur
de ses dépenses, fussent-elles supérieures à la plus-
value qui en résulte pour son fonds. Nous verrons plus
loin que, par suite de la décision donnée par notre

article pour le cas d'un constructeur de bonne foi, la disposition dont nous parlons se trouve essentiellement modifiée ; mais pour le moment, étudions-la telle qu'elle est. On a dit souvent qu'il était juste, lorsque le propriétaire prenait librement le parti de conserver les travaux, qu'il en payât la dépense intégrale. Cela n'est, au contraire, ni juste, car il suffit à la justice que le propriétaire ne s'enrichisse pas aux dépens du constructeur, ni avantageux pour le constructeur lui-même, car il en résulte que le propriétaire qui trouvera les travaux utiles en eux-mêmes, sera obligé d'exiger la démolition, si la dépense lui paraît exagérée. Au surplus, cette critique s'efface lorsque, au lieu de considérer le propriétaire comme placé nécessairement dans l'alternative que paraît lui imposer la loi, on songe au parti qu'il pourra tirer en fait de la faculté qui lui est laissée d'exiger la démolition. En menaçant d'en user, il amènera le constructeur à n'exiger pour les travaux qu'un prix raisonnable et même généralement inférieur à la plus-value. On pourrait même craindre que, décidé à conserver les travaux, il n'abusât de ce moyen d'intimidation pour les payer à vil prix. Mais, d'une part, ce danger, quoique réel, ne peut prévaloir sur les raisons par lesquelles se justifie le droit accordé au propriétaire d'exiger la démolition; d'autre part, ce propriétaire ne pourra pas abuser outre mesure de ses avantages ; son intérêt même le retiendra : s'il se montrait trop exigeant, le constructeur préférerait la démolition à une indemnité dérisoire.

Le propriétaire obligé de rembourser les dépenses

n'en doit pas l'intérêt à partir du moment où elles ont été faites : les intérêts ne courent qu'à partir d'une demande en justice lorsque la loi ne les fait pas courir de plein droit (art. 1153). Or aucun texte ne les fait courir au profit du constructeur. Ce principe ne doit-il recevoir aucune restriction ? Faisons l'hypothèse suivante : le possesseur de mauvaise foi d'une maison l'augmente par des constructions nouvelles, puis il la loue. La somme totale des loyers est évidemment accrue en raison des constructions qui ont été ajoutées. Une part de ces loyers correspond à l'augmentation de valeur qui résulte de ces constructions, et pourtant le constructeur devra les restituer en entier, ceux qui sont imputables à l'immeuble dans son état primitif et ceux qui résultent des constructions nouvelles : mais au moins, pour ces derniers, ne pourra-t-il pas faire entrer en compensation les intérêts des sommes employées par lui en constructions, en invoquant le principe que celui qui jouit du revenu actif doit supporter le revenu passif ? Rien ne serait plus équitable sans contredit, et pourtant cette décision, admise par plusieurs arrêts et notamment par un arrêt de la Cour de cassation, ne me paraît pas être conforme aux principes du Code en matière d'intérêts. Quelque juste que soit cette prétention chez le constructeur, il n'en est pas moins vrai qu'elle consiste à réclamer des intérêts comme lui étant dus de plein droit, sans invoquer en sa faveur aucune disposition expresse de la loi; il n'en est pas moins vrai qu'elle est contraire à l'art. 1153. Pour ébranler la force de ce raisonnement, on a eu recours à divers arguments : la Cour de Paris, par un arrêt du 7 janvier 1837 (Dev., année 1840, 1re partie, p. 66 à 71), a jugé que le constructeur était un mandataire auquel, par application de l'art. 2001, les intérêts de ses déboursés étaient dus de plein droit. Une telle erreur ne mérite pas la réfutation. Il n'est guère plus sérieux de soutenir, comme l'a fait devant la Cour de cassation l'avocat du constructeur, qu'il y a là une gestion d'affaires. Cette assertion, contraire aux principes du quasi-contrat en question, puisqu'il suppose une personne administrant les affaires d'autrui dans l'intention de lui rendre service, est d'ailleurs directement contredite par la décision de l'art. 555. Si le constructeur était un gérant d'affaires, on lui devrait rembourser ses impenses, et l'art. 555 déclare que le propriétaire peut lui refuser toute indemnité en exigeant la démolition. Reste donc la raison invoquée par la Cour de cassation, à savoir que les intérêts des dépenses faites par le constructeur « doivent être admis comme déduction corrélative sur la valeur des fruits qui résultent des travaux. » Mais je ne vois là qu'une affirmation purement gratuite. M. Demolombe (t. IX, § 679) dit également qu'il ne s'agit pas des intérêts d'une somme d'argent, mais du règlement de l'indemnité due au propriétaire par le constructeur de mauvaise foi. L'argument ainsi présenté n'est pas plus concluant. Est-ce que toute question d'intérêts n'est pas une question d'indemnité? Est-ce que les intérêts ne sont pas essentiellement des dommages-intérêts, seulement des dommages-intérêts d'une espèce particulière et soumis à une réglementation spéciale? Or l'une de ces règles particulières, c'est qu'en principe, ils ne sont dus qu'à partir d'une demande en justice. Ce principe, pourquoi ne pas l'appliquer ici? Je ne vois pas qu'on donne aucune raison sérieuse qui motive une dérogation.

Nous avons épuisé toutes les questions relatives à l'hypothèse du constructeur de mauvaise foi; celle du constructeur de bonne foi était réglée de la même manière dans le projet primitif du Code : c'est sur les observations de la section de législation du tribunat qu'on amenda l'art. 555, en ajoutant la dernière phrase, à partir du mot *néanmoins* ; c'est ce qui explique la singularité de sa rédaction. On trouva trop rigoureux que le constructeur de bonne foi pût être forcé de démolir par la volonté d'un propriétaire souvent coupable de négligence, et que, par suite de cette obligation, il fût placé dans une situation désavantageuse pour la réglementation de l'indemnité. Mais, dès que l'indemnité n'était plus facultative pour le propriétaire, il devenait impossible d'exiger qu'elle fût égale aux dépenses, lors même que celles-ci excédaient la plusvalue; elle devait être réglée sur la moindre des deux valeurs : telle est en effet la décision de notre article, dont le texte laisse indécises deux questions :

1° Comment doit être réglée la plus value? Il ne faut évidemment pas, pour la fixer, se placer au point de vue absolu, au point de vue de l'augmentation de la valeur vénale ; il faut se placer au point de vue relatif, au point de vue des avantages que le propriétaire retire des constructions. L'application de cette idée peut soulever, dans la pratique, certaines questions délicates. Ainsi, si le propriétaire est pauvre, s'il est évident que les travaux qui donnent à sa maison un caractère d'agrément ou même d'utilité plus grande ; il ne les eût pas faits, ou du moins les eût remplacés par des travaux infiniment moins dispendieux, il ne devra rien ou une indemnité très-inférieure, à laquelle on pourra donner avec avantage la forme d'une rente. Dans les cas où l'indemnité est nulle, il paraît équitable d'autoriser le constructeur à faire disparaître les travaux, s'il le peut sans détériorer l'immeuble, et s'il trouve lui-même à cet enlèvement quelque avantage ; sinon, la destruction des travaux serait une pure vexation ; or *malitiis non indulgendum*.

2° La plus-value doit-elle se compenser avec les fruits perçus ? Nous avons vu l'affirmative consacrée en droit romain par la plupart des textes : Pothier l'admettait également (De la propriété, nᵒˢ 343 et 349). Nous avons déjà fait en droit romain la critique de cette solution : nous ne reviendrons pas sur les idées que nous avons alors exprimées ; nous ferons seulement valoir, au point de vue particulier du droit français, un argument nouveau : il nous est fourni par l'art. 549, qui dispense d'une manière absolue le possesseur de bonne foi de la restitution des fruits. Or ce serait le soumettre indirectement à une restitution véritable que d'imputer les fruits sur les sommes à lui dues pour cause d'impenses.

Telles sont les règles relatives au constructeur de bonne foi : il en résulte une modification essentielle des principes applicables au constructeur de mauvaise foi. Le propriétaire, décidé à conserver les travaux, pourra traiter celui-ci comme un constructeur de bonne foi, et lui offrir seulement le montant de la plus-value ; il ne sera pas admis à repousser cette offre en arguant de sa mauvaise foi, et en prétendant que, par conséquent, le propriétaire est obligé, s'il veut conserver les travaux, de lui faire payer intégralement les dépenses, car *nemo auditur propriam allegans turpitudinem*. Au surplus, cette observation a peu d'importance en pratique : en général le propriétaire qui se trouve en présence d'un constructeur de mauvaise foi pourra, s'il trouve quelque intérêt à conserver les travaux, obtenir par l'intimidation une réduction de l'indemnité au-dessous de la plus-value.

Il nous reste à examiner une question commune au constructeur de bonne et de mauvaise foi, la question de savoir si, lorsqu'une indemnité leur est due, ils ont, pour le payement de cette indemnité, un droit de rétention sur l'immeuble.

La nature même du droit de rétention est l'objet de controverses. Est-ce un droit personnel, opposable seulement au propriétaire débiteur, ou un droit réel, opposable à tous les ayants cause ? Nous n'avons pas à discuter ici cette question : nous tenons la seconde opinion pour constante ; le droit de rétention est donc pour nous un droit de préférence, une exception au principe de l'art. 2093. Il faut, pour l'admettre dans un cas spécial, trouver dans la loi soit une disposition expresse, soit un principe général qui puisse recevoir, dans ce cas particulier, son application. Or la disposition expresse ne se rencontre pas pour l'hypothèse dont il s'agit : le principe général n'existe pas davantage. Ceci exige quelques explications.

L'art. 1184 consacre implicitement le droit de rétention dans les contrats synallagmatiques en déclarant que la condition résolutoire est toujours sous-entendue dans ces contrats pour le cas où l'une des parties ne satisfera point à son engagement. Il en résulte évidemment que celle des deux parties qui doit livrer une chose peut la retenir tant que l'autre n'est pas prête à exécuter son obligation. Rien n'est plus juste et plus conforme à l'intention des parties : on peut voir des applications de ce principe dans les art. 1612, 1613 et 1673. Tel est le seul principe général que contienne le Code relativement au droit de rétention : certains auteurs en ont été frappés outre mesure, jusqu'à soutenir que ce droit ne peut exister que dans les contrats synallagmatiques, qu'il exige comme condition essentielle que l'obligation pour le débiteur de livrer la chose, et l'obligation pour le propriétaire de lui payer une indemnité, procèdent *ex eadem causâ*. Ce principe ne peut être soutenu d'une manière absolue en présence de l'art. 867, qui accorde un droit de rétention à l'héritier qui a amélioré l'immeuble dont il doit le rapport à la succession. Dans ce cas, l'obligation de l'héritier donataire a pour cause la donation, celle de ses cohéritiers, les travaux d'amélioration qu'il a faits ; il n'est donc pas vrai de dire qu'elles procèdent *ex eadem causâ*. Mais à la place de ce principe trop restreint il faut se garder de poser le principe trop large admis par d'autres auteurs, à savoir que le droit de rétention existe toutes les fois que la créance du détenteur est née à l'occasion de la chose qu'il détient. Le seul système véritablement légal, c'est de renoncer à trouver une formule générale, et d'appliquer l'art. 1184 dans les contrats synallagmatiques, les articles spéciaux comme l'art. 867 dans les hypothèses pour lesquelles ils sont faits; hors de ces cas, le droit de rétention ne peut être accordé.

Ce raisonnement me paraît suffisant pour consacrer, sur la question que nous examinons, la vérité de l'opinion négative, puisque ni le principe de l'art. 1184, ni aucun article spécial ne peut être invoqué ici. Pourtant on peut insister et dire : Si le législateur a accordé le droit de rétention dans une hypothèse complétement analogue à la nôtre, dans une hypothèse où l'on n'aperçoit aucune cause de faveur qui ne se rencontre également dans notre espèce, ne devrons-nous pas suppléer à son silence, sous peine de lui imputer gratuitement une inconséquence et une absurdité? On peut répondre victorieusement, à mon avis, que les causes de préférence ne se suppléent pas même par analogie; mais j'accepte le principe contraire, et je ne crois pas que l'opinion affirmative puisse en tirer argument dans notre question. Quelles sont, en effet, en dehors des contrats synallagmatiques, les hypothèses où la loi accorde au détenteur un droit de rétention? La seule que je connaisse est celle de l'art. 867. M. Mourlon, qui, dans son examen critique du commentaire de M. Troplong sur le titre des priviléges et hypothèques, a traité d'une manière aussi complète que remarquable la question qui nous occupe, admet que les art. 570 et 1947 consacrent un droit de rétention en faveur du spécificateur et du dépositaire. Mais ces articles ne me paraissent nullement indiquer cette idée :

ils disent que le propriétaire doit rembourser au spécificateur et au dépositaire les dépenses qu'ils ont faites
à l'occasion de la chose. Mais ce remboursement
doit-il précéder la restitution? Rien ne le laisse supposer. Le seul cas où le législateur s'est expliqué, c'est
celui de l'art. 867. Présente-t-il avec celui dont nous
nous occupons une complète analogie? Est-il inconcevable que le législateur admette le droit de rétention
en faveur de l'héritier tenu au rapport, et le refuse en
général au simple détenteur d'un immeuble? En aucune façon : sa préférence pour l'héritier rapportant
peut s'expliquer à merveille par cette considération
que les rapports entre héritiers doivent être réglés par
des principes tout particuliers d'équité. On peut même
tirer de l'art. 867 un argument très-solide en faveur de
la thèse que nous soutenons : si le droit de rétention
était donné en principe à tout détenteur qui a fait des
améliorations, il eût été inutile de l'accorder spécialement à l'héritier rapportant. Nos adversaires tirent également de la tradition un argument qui peut être victorieusement retourné contre eux. Nos anciennes lois,
disent-ils, accordaient, dans l'hypothèse de l'art. 555,
un droit de rétention : je réponds qu'elles avaient soin
de le déclarer expressément, comme on peut le voir dans
les ordonnances de Villers-Cotterets, de Moulins, dans
l'ordonnance de 1667. Le Code, en gardant le silence,
a indiqué suffisamment qu'il adoptait l'idée contraire.

Enfin, on attaque notre système au nom de l'équité.
Il force, dit-on, le constructeur à restituer l'immeuble
à un propriétaire souvent mal disposé qui lui fera
attendre indéfiniment l'indemnité qui lui est due. Il

lui ôte, avec la rétention, un moyen, aussi naturel que légitime, de stimuler son insouciance ou de vaincre sa mauvaise volonté. Nous répondons que, même en posant ainsi la question entre le propriétaire et le constructeur, on peut encore très-bien justifier notre doctrine en faisant remarquer que le droit de rétention aurait, de son côté, le grave inconvénient d'interdire souvent au propriétaire tout moyen de rentrer dans sa propriété, en lui imposant, comme condition préalable, l'obligation de payer une indemnité peut-être énorme. Si notre système est souvent fâcheux pour le constructeur, le système contraire serait quelquefois injuste pour le propriétaire qui mérite certainement plus de faveur. Mais la question ne doit pas être posée ainsi entre le propriétaire et le détenteur, entre le débiteur et le créancier qu'il s'agit de privilégier. Comme tous les droits de préférence, celui dont il s'agit ici acquiert surtout un intérêt sérieux lorsque le débiteur est insolvable, et dès lors la question doit être posée entre le créancier dont il s'agit et les autres créanciers; dès lors il faut se demander si ce créancier mérite une faveur particulière, exorbitante. Loin d'être dans une telle position, le constructeur, coupable de fraude ou au moins de négligence, est dans une position exceptionnellement défavorable, et le droit de rétention qu'on veut lui accorder serait aussi peu conforme à l'équité bien entendue qu'à l'interprétation exacte de la loi.

Ce n'est pas à dire pourtant qu'il doive toujours être forcé de livrer immédiatement l'immeuble qu'il détient. Les juges pourront, en vertu du pouvoir discrétionnaire que leur confère l'art. 1244, lui permettre de surseoir à l'exécution de son obligation, si, par esprit de chicane et sans aucune raison valable, le propriétaire refuse de remplir la sienne.

Nous savons maintenant quelles sont les dispositions applicables aux hypothèques prévues par l'art. 555 ; il nous reste à préciser quelles sont ces hypothèses, quelle est l'étendue d'application de cet article. Cette question se subdivise en deux autres : 1° quelle est la nature des travaux auxquels il s'applique ? 2° quelle qualité doivent avoir les tiers possesseurs qui les ont faits ?

Quelle est la nature des travaux auxquels s'applique l'art. 555 ? en d'autres termes quel degré d'union doivent-ils avoir établi entre le sol et les matériaux, pour que l'accession soit considérée comme consommée ? ou, plus précisément encore, faut-il que cette union soit de nature à rendre les matériaux immeubles par nature ? Le texte de notre article ne fournit aucune indication relativement à cette question : il est donc indispensable, pour la résoudre, de se reporter à la théorie de l'immobilisation par nature et par destination. Sans nous occuper ici, ce qui est la principale difficulté de cette matière, de distinguer d'une manière précise la classe des immeubles par nature de celle des immeubles par destination, attachés au fonds par une adhérence matérielle, il est facile de constater tout d'abord entre ces deux classes une différence incontestable : c'est qu'un objet attaché au sol de manière à rentrer dans la classe des immeubles par nature devient immeuble par cela seul, de

quelque manière et par quelque personne qu'il y ait
été placé ; au contraire, un objet attaché au sol de
manière à devenir immeuble par destination, ne le
devient que dans les cas où il y a été placé par son
propriétaire, en même temps propriétaire du fonds ;
dans le cas contraire, il reste meuble. Qu'est-ce à dire,
sinon qu'il n'est pas devenu portion intégrante de
l'immeuble et que son propriétaire pourra l'enlever,
en d'autres termes, que l'art. 555 ne s'applique qu'au
cas où l'union établie entre le sol et les matériaux est
de celles qui rendent ces derniers immeubles par nature ? Nous trouvons, dans l'art. 599, une application
de ce principe qui en confirme la vérité : aux termes
de cet article, l'usufruitier peut enlever les glaces, ta-
bleaux, et autres ornements qu'il aurait fait placer dans
l'immeuble : tous objets qui précisément rentrent dans
la classe des immeubles par destination.

Ce que nous venons de dire s'applique à l'art. 554
comme à l'art. 555. Dans l'un comme dans l'autre cas,
l'attribution de propriété n'a lieu que si les matériaux
employés sont devenus immeubles par nature. Quant
à l'indemnité, elle n'est réglée par les principes de
l'art. 555 que dans le cas où les travaux dont il s'agit
sont des travaux simplement utiles ; pour les travaux
nécessaires, l'art. 1381 pose ce principe que le possesseur de bonne et même de mauvaise foi doit être
intégralement indemnisé des impenses qu'il y a
consacrées. Cet article emploie, pour les désigner,
l'expression de dépenses nécessaires ou utiles à la
conservation de la chose ; en ajoutant au mot *néces-*
saires le mot *utiles à la conservation de la chose,* le lé-

gislateur a eu évidemment pour but d'indiquer qu'il ne fallait pas restreindre cette classe de dépenses dans des limites trop rigoureuses et n'y admettre que les dépenses exigées par une nécessité absolue, urgente, impérieuse, telle que la chose périrait certainement si le travail n'avait pas lieu ; il a voulu également y ranger toutes celles qui, sans être immédiatement nécessaires, sont pourtant exigées par les règles d'une bonne administration : sa formule comprend tous les travaux qui ont le caractère de réparations. On conçoit en effet qu'alors le propriétaire ne peut pas être admis à soutenir qu'il n'aurait pas fait les travaux : il eût été forcé de les faire sous peine d'un dommage bien supérieur au prix qu'ils ont coûté. En refusant de rembourser ce prix au possesseur de mauvaise foi, il ferait un acte de révoltante injustice. Cette considération doit nous guider pour décider, dans certains cas, si telle dépense a ou non le caractère de réparations, s'il faut appliquer l'art. 1381 ou l'art. 555. Supposons, par exemple, comme le fait M. Demolombe, que le bien possédé contienne une allée à laquelle il manque quelques arbres et que le possesseur les fasse planter ; supposons que ce soit un bâtiment sans toiture et que le possesseur l'ait achevé ; il n'y a pas là, dans le sens le plus strict, une dépense nécessaire à la conservation de la chose telle qu'elle était, une dépense de réparation ; mais il y a une dépense qui devait évidemment être faite ; le propriétaire ne peut pas raisonnablement soutenir qu'il s'en serait dispensé ; il faudra appliquer l'art. 1381. Au contraire, supposons qu'une réparation proprement dite ait été faite avec un luxe excessif, supposons qu'un mur de briques étant tombé, on l'ait remplacé par un mur de très-belle pierre ; le propriétaire pourra fort légitimement prétendre qu'il n'eût pas fait le travail, l'art. 555 devra être appliqué.

Il faut donc, pour appliquer cet article, qu'il s'agisse de dépenses que le propriétaire aurait pu raisonnablement ne pas faire. Cette condition nécessaire est-elle suffisante ? S'il s'agit d'un possesseur de bonne foi, on peut, sans hésiter, répondre affirmativement en faisant remarquer, du reste, que s'il a perçu les fruits, il ne pourra exiger aucune indemnité pour les dépenses d'entretien. Mais, dans l'hypothèse du constructeur de mauvaise foi, une difficulté s'élève pour le cas où il s'agit d'ouvrages qu'il est impossible d'enlever, ou dont l'enlèvement ne peut être pour le possesseur d'aucune utilité. Supposons, par exemple, qu'il ait posé des papiers dans un appartement, des couleurs sur une porte ; l'application de l'art. 555 aboutit à la conséquence suivante : le propriétaire peut refuser toute indemnité et répondre, plus ou moins ironiquement, comme dit M. Demolombe, aux réclamations du possesseur : J'use de mon droit, usez du vôtre, enlevez vos travaux : dès lors, si l'on ne veut pas être profondément injuste envers le possesseur, il faut, en effet, lui permettre d'enlever, par exemple, dans les hypothèses que nous avons présentées, d'arracher les papiers, de gratter les couleurs. Il faut violer en sa faveur le principe *malitiis non indulgendum ;* car c'est le seul moyen qu'il ait de vaincre l'obstination intéressée du propriétaire. Cette conséquence logique de l'art. 555 a sans doute plus d'un côté choquant : rien n'est moins satisfaisant que cette lutte entre deux entêtements également déraisonnables, qui aura pour effet de provoquer des querelles et d'entraîner souvent la destruction complète de travaux utiles; sans aucun doute la décision qui assimilerait, dans ce cas, le possesseur de mauvaise foi au possesseur de bonne foi, qui rendrait en sa faveur l'indemnité obligatoire pour le propriétaire du fonds, cette décision serait préférable en législation; mais il nous paraît impossible de l'admettre sans violer ouvertement l'art. 555, dont la première phrase, par la généralité de ses termes, indique évidemment que jamais, dans la pensée du législateur, l'indemnité ne doit être obligatoire envers un possesseur de mauvaise foi. Quelque regrettable qu'elle soit, l'application de l'art. 555 ne peut être éludée.

Nous avons répondu à cette question : Quelles sont les espèces de travaux auxquels s'applique l'art. 555. Il nous reste à examiner quelle qualité doivent avoir les tiers possesseurs qui les ont faits.

Nul doute que l'art. 555 ne soit applicable aux possesseurs *cum animo domini;* la question ne peut se poser que pour les détenteurs à titre précaire. Certains auteurs ont nié en principe que l'art. 555 dût leur être appliqué, et se sont fondés pour le soutenir sur les derniers mots de cet article : « Si les plantations, constructions et ouvrages ont été faits par un tiers évincé qui n'aurait pas été condamné à la restitution des fruits, attendu sa bonne foi... » Il s'agit, ont-ils dit, d'un tiers qui a été évincé, qui par conséquent possédait *cum animo domini.* Or, si l'on se place uniquement dans cette hypothèse lorsqu'il s'agit d'un possesseur de bonne foi, il faut, par suite de la corrélation qui existe évidemment entre les deux dispositions de l'article, admettre la même restriction lorsqu'il s'agit d'un possesseur de mauvaise foi. La conclusion est mal fondée; et cela pour une raison très-simple, c'est qu'il ne peut pas y avoir de possesseur de bonne foi *sine animo domini,* et que par conséquent, en supposant que le possesseur de bonne foi est évincé, en supposant qu'il possède *cum animo domini,* la dernière phrase de l'art. 555 ne contient aucune disposition restrictive ou exclusive; il parle du possesseur de bonne foi *cum animo domini,* parce qu'il n'y a pas de possesseur de bonne foi *sine animo domini;* quand il s'agit, au contraire, du possesseur de mauvaise foi, il emploie des expressions générales qui peuvent s'appliquer aux deux hypothèses, celle du possesseur de mauvaise foi *cum animo domini,* du *prædo,* et celle du possesseur de mauvaise foi *sine animo domini,* du détenteur à titre précaire. Rien ne nous autorise à restreindre la portée de ces termes; d'ailleurs quel motif pourrait avoir le législateur de traiter différemment les possesseurs de mauvaise foi suivant qu'ils ont ou non l'*animus domini?* L'idée du législateur est qu'une personne qui travaille sciemment sur le terrain d'autrui ne doit pas pouvoir le modifier à son gré avec la certitude d'être indemnisée : elle s'applique avec la même force dans l'une et dans l'autre hypothèse. Je crois donc qu'en principe l'art. 555 doit être appliqué aux détenteurs à titre précaire, sauf les dérogations spéciales.

Cette dérogation existe-t-elle pour l'usufruitier? Cette question est l'une des plus controversées de notre sujet. Le deuxième alinéa de l'art. 599 est ainsi conçu : « De son côté l'usufruitier ne peut, à la cessation de l'usufruit, réclamer une indemnité pour les améliorations qu'il prétendrait avoir faites, encore que la valeur de la chose en fût augmentée. » Que doit-on entendre par le mot *améliorations?* Dans une opinion, on soutient qu'il faut l'appliquer à tous les travaux qui ont pour effet de rendre le fonds meilleur, plus précieux, de de tous les travaux qui n'ont pas le caractère de simples réparations, et l'on décide que le propriétaire peut les conserver sans devoir aucune indemnité.

Cette doctrine, si elle est celle de la loi, n'est certainement ni raisonnable ni logique. On n'aperçoit aucun motif sérieux de traiter l'usufruitier plus durement que tout autre détenteur à titre précaire. En vain essayerait-on d'invoquer la prétendue fiction *donasse videtur* : si elle était vraie pour l'usufruitier, elle serait vraie pour tout autre possesseur de mauvaise foi ; elle ne repose d'ailleurs, nous l'avons prouvé, sur aucune base sérieuse. Quel motif spécial de défaveur peut-on dès lors invoquer contre l'usufruitier? Il a joui, dit-on, des améliorations qu'il a faites? Mais n'en est-il pas de même de tout possesseur? Le législateur, dit-on encore, a voulu couper court aux difficultés que pourrait faire naître la réglementation de l'indemnité. Singulière raison qui justifie une décision inique sous prétexte qu'elle est plus commode !

Si le système du Code est tel que le prétend l'opinion que nous avons exposée, il ne faut donc pas hésiter à le condamner. Mais les imperfections de la loi ne nous autorisent pas à la corriger : les critiques que nous venons de faire laissent subsister dans toute sa force l'argument de texte que nous avons indiqué et qu'il nous reste à développer : toute la question porte, comme nous l'avons fait remarquer, sur le sens du mot *améliorations*. Or ce mot est employé dans le sens le plus général par nos anciens auteurs ; on peut voir notamment, dans la matière même de l'usufruit, Pothier parler de constructions, plantations et *autres améliorations* (*Traité du douaire*, § 276). Les plantations et constructions sont donc des espèces d'améliorations dans la terminologie de Pothier, de Pothier le guide habituel des rédacteurs du Code, de Pothier dont ils avaient probablement le texte sous les yeux, en écrivant l'art. 599. D'autres articles prouvent d'ailleurs qu'ils attachent au mot *améliorations* une signification générale (V. art. 861, 1635, 2133). Toujours le mot *améliorations* est opposé au mot *réparations*. Rien n'est plus naturel, en effet. Les travaux nécessaires et les travaux utiles forment deux classes distinctes à bien des points de vue. Il fallait un nom pour chacune d'elles. La première étant désignée par le mot de *réparations*, il fallait, pour désigner la seconde, une expression non moins générale, une expression propre à indiquer tout travail qui n'a pas simplement pour effet de maintenir la chose en état, mais de l'embellir, de l'accroître, d'en augmenter la valeur ; on a choisi celle d'*améliorations*, qui a reçu ainsi un sens légal dont l'interprète ne peut s'écarter. On a pourtant essayé de le restreindre : on a voulu opposer

au sens légal le sens naturel et vulgaire du mot; on a
dit : Le mot *améliorations* se réfère aux travaux, qui,
sans être de simples réparations, n'ont pas néanmoins
pour effet de transfomer radicalement l'immeuble,
comme ceux qui consistent à couvrir un champ de
constructions ou de plantations, mais simplement d'en
accroître l'utilité ou l'agrément en lui laissant sa destination essentielle. Pour ceux-ci seulement le législateur a dérogé au principe que nul ne doit s'enrichir
aux dépens d'autrui, il a refusé toute indemnité à l'u-
sufruitier ; sa décision, critiquable peut être, s'explique
néanmoins par diverses considérations : d'une part,
les dépenses de ce genre sont le plus souvent peu considérables ; de l'autre, il serait souvent fort diffficile,
soit de les distinguer des simples travaux de réparation, soit d'apprécier l'augmentation de valeur qui en
résulte. Au contraire, quand il s'agit de travaux qui
ont entièrement transformé l'immeuble, qui peuvent
en avoir augmenté la valeur dans une proportion
énorme, il est impossible de refuser à l'usufruitier l'indemnité qui lui est due. Outre ces considérations de
justice, M. Demolombe trouve un argument en faveur
de cette interprétation restrictive dans les termes employés par l'art. 599, lorsqu'il parle des améliora·
tions que l'usufruitier *prétendrait* avoir faites. Ceci
prouve, dit-il, que le législateur entend se référer à
des travaux qui pourraient n'avoir pas toujours un
caractère incontestable ni un résultat certain, même
comme améliorations : il s'agit par conséquent de
travaux de peu d'importance.

Quelque graves que soient les autorités qui se sont

prononcées en faveur de ce système, il me paraît trop ingénieux pour ne pas être suspect ; je n'y vois qu'un effort désespéré pour essayer de ramener à la raison et à la logique une disposition qui les viole toutes deux. L'argumentation que je viens de reproduire ne me semble ébranler en aucune manière l'argument fondamental de l'opinion contraire, l'argument qui repose sur le sens traditionnel et légal du mot *améliorations ;* et il faut, je crois, se résigner à reconnaître que, par une déplorable inadvertance, le législateur, après avoir, dans l'art. 555, rétabli les vrais principes et rejeté l'injuste fiction admise par notre ancienne jurisprudence, ne s'en est plus souvenu en écrivant l'art. 599, et a consacré contre l'usufruitier une disposition exceptionnelle. Il faut renoncer à concilier l'art. 599 avec l'art. 555.

L'explication des art. 554 et 555 est terminée. Pour être conséquent au programme que nous nous sommes tracé au droit romain, nous devrions rejeter à la fin la matière des accroissements qui peuvent résulter pour un champ du voisinage d'un fleuve ou d'une rivière, et traiter immédiatement celle de l'accession en matière mobilière. Mais cet ordre, contraire à celui que les rédacteurs du Code ont adopté, n'aurait aucun avantage sérieux, les deux matières en question étant complétement indépendantes l'une de l'autre. Nous croyons plus convenable de suivre l'ordre des articles.

L'art. 556 s'applique au lai, l'art 557 au relai ; tous deux consacrent la solution romaine que rejetaient certaines coutumes. Leur explication a soulevé peu de difficultés : on s'est demandé s'ils ne supposaient pas que l'alluvion fût l'œuvre de la nature seule, et s'il fallait les appliquer dans le cas où les riverains auraient cherché à se procurer des alluvions par des plantations ou autres moyens destinés soit à refouler les eaux, soit à fixer sur les bords les graviers ou le limon. Proudhon a soutenu que, dans cette hypothèse, il n'y avait pas lieu à l'application de nos deux articles. Cette opinion me paraît inadmissible, tant parce qu'elle est purement vexatoire à l'égard des riverains que parce qu'elle restreint arbitrairement la portée de deux articles dont les termes généraux s'appliquent aussi bien à l'alluvion artificielle qu'à l'alluvion naturelle. Aussi l'idée de Proudhon est-elle généralement rejetée. Au contraire, tous les auteurs semblent admettre comme incontestable que l'alluvion suppose un mouvement lent et insensible. Tel est sans doute le sens traditionnel que donnent à ce mot les jurisconsultes romains et après eux nos anciens auteurs. Pourtant cette décision paraît peu conforme à la raison : pour s'en convaincre, on n'a qu'à prendre l'hypothèse d'une rivière qui, par un mouvement rapide et sensible, se porte d'une rive vers l'autre ou diminue de volume, laissant ainsi à sec une bande de terrain contiguë à l'une de ses rives. Si l'on refuse d'appliquer à ce cas l'art. 557, il faudra appliquer les art. 560 et 561, et décider que cette zone de terrain appartiendra aux propriétaires riverains ou à l'État, suivant qu'il s'agira d'une petite rivière ou d'une rivière navigable ou flottable. Or cette dernière décision paraît tout à fait inadmissible ; elle aurait pour effet de donner à l'État un droit qui, sans lui être utile, causerait aux riverains le plus grand dommage en leur enlevant leur qualité de riverains. Il me semble que tous les motifs qui ont fait admettre la décision de l'art. 557 se présentent ici avec la même force, et qu'il ne faut pas hésiter à l'appliquer.

On a beaucoup discuté sur la question de savoir comment doit être partagé le terrain d'alluvion quand il s'étend en longueur de manière à faire face à plusieurs domaines qui appartiennent à différents propriétaires. Le principe ne peut faire de doute : il faut déterminer l'axe de la rivière, et tirer, à partir du point de séparation de divers héritages, des lignes perpendiculaires à cet axe. Malheureusement la configuration capricieuse des rives rend souvent fort difficile l'application de ce principe : ces difficultés ont fait naître une foule de systèmes que nous n'examinerons pas ici, tant parce que nous croyons impossible de tracer une règle absolue que parce que la question nous paraît rentrer dans la géométrie plutôt que dans le droit.

L'attribution faite aux riverains du lai et du relai est d'une justice et d'une utilité évidentes dans la plupart des cas; dans un seul, celui du relai formé par déplacement du lit de la rivière, elle peut paraître mal fondée, et a été en effet l'objet de vives critiques. Il semble, au premier abord, qu'il serait plus juste d'attribuer les terrains d'alluvion au propriétaire de l'autre rive, dont l'héritage a été entamé par les eaux dans le mouvement insensible qui en a déplacé le cours. Cette solution est pourtant inadmissible, et cela pour trois raisons : 1° Il pourrait être quelquefois difficile de marquer la limite du terrain d'alluvion et de la rive à laquelle il adhère. Cette difficulté serait une source de procès. 2° Le propriétaire de la rive adhérant à l'alluvion, en perdant la qualité de riverain, perdrait plus que l'autre ne perd en voyant une faible portion de son domaine envahie par les eaux. 3° Le terrain d'alluvion, attribué isolément au propriétaire de l'autre rive, ne serait pour lui qu'une indemnité dérisoire, tandis qu'elle procure au propriétaire dont elle touche le champ une sérieuse utilité. On a invoqué encore une autre raison pour justifier le législateur ; on a dit : Ce sont, après tout, des chances communes : l'alluvion pouvait favoriser l'un aussi bien que l'autre. Demain peut-être un déplacement inverse va commencer. L'argument n'est pas concluant ; car le système contraire critique précisément et aspire à faire disparaître ce caractère inconsistant de la propriété riveraine, ces chances diverses auxquelles elle est assujettie.

Mais, tout en admettant l'attribution de la propriété telle qu'elle est faite par le législateur, ne peut-on pas au moins regretter qu'il n'ait pas forcé le propriétaire enrichi par l'alluvion à indemniser celui qu'elle appauvrit ? Ce système aurait encore l'inconvénient de faire naître une foule de petits procès, et d'ailleurs il aboutirait nécessairement à cette conséquence que le riverain qui ne voudrait ou ne pourrait pas payer l'indemnité devrait renoncer aux bénéfices de l'alluvion au profit de celui qui a le droit de l'exiger, et alors se représenteraient tous les inconvénients que nous venons de signaler. Enfin, si quelques injustices peu-

vent résulter parfois du système de la loi , il faut remarquer que chaque riverain a le droit de défendre
son terrain contre l'action des eaux par les ouvrages
qu'il juge convenable de faire, pourvu qu'il ne nuise
ni aux intérêts des autres riverains ni à ceux de la
navigation.

Il nous reste à examiner quelles sont les masses
d'eau dont les rives admettent le droit d'alluvion.
L'art. 556 parle de fleuves et rivières navigables,
flottables ou non. Entend-il exclure les simples ruisseaux, qui, nous le verrons, ont été, de tout temps, dans
le langage du droit, distingués des fleuves et rivières,
et soumis, à certains points de vue, à des règles spéciales? Faut-il décider en conséquence que les simples
ruisseaux n'admettent pas le droit d'alluvion et que
chaque riverain peut intenter une action en bornage
pour faire fixer, d'une manière définitive, la limite qui
sépare sa propriété de celle du riverain opposé? Proudhon l'a soutenu, avec raison, ce me semble. Nous
verrons plus loin que les simples ruisseaux sont des
propriétés privées qui se partagent entre les riverains
opposés : or, il est de principe que tout propriétaire a
l'action en bornage, et aucun texte spécial ne la refuse
aux riverains des ruisseaux.

Le droit d'alluvion ne s'applique pas non plus aux
masses d'eaux stagnantes : l'art 538 déclare positivement, contrairement à la décision de Pothier, que les
lais et relais de la mer appartiennent à l'État; il dit
même qu'ils sont du domaine public. On a souvent
signalé l'inexactitude de cette expression. L'art. 557
reproduit la même idée en disant que le droit d'allu-

vion ne s'applique pas aux lais et relais de la mer, c'est-à-dire que ces terrains ne sont pas attribués aux propriétaires voisins. Quant aux lacs et étangs, l'art. 668 déclare que l'alluvion n'a pas lieu à leur égard et que leur propriétaire « conserve toujours le terrain que l'eau couvre quand elle est à la hauteur de la décharge de l'étang, encore que le volume de l'eau vienne à diminuer. Réciproquement le propriétaire de l'étang n'acquiert aucun droit sur les terres riveraines que son eau vient à couvrir dans les crues extraordinaires. » Il y a là deux propriétés contiguës dont il est possible de fixer la limite d'une manière définitive et stable : cette limite doit être respectée. Le législateur la fixe à la hauteur de la décharge de l'étang ; évidemment il n'y a là qu'une indication de ce qui se passe le plus généralement. Rarement le propriétaire de l'étang aura établi la décharge de manière que les eaux puissent envahir les propriétés contiguës. S'il en était ainsi, non-seulement les propriétaires riverains auraient le droit de la faire déplacer ; mais, s'ils négligeaient de le faire, ils ne perdraient le droit de revendiquer leur terrain que si le propriétaire de l'étang l'avait possédé pendant un temps suffisant pour prescrire. Mais cette possession n'exige pas que les terrains en question soient constamment couverts par les eaux : il suffirait qu'à la hauteur de la décharge les eaux pussent les occuper.

L'alluvion ne s'applique pas non plus aux canaux et rivières canalisées ; ici encore elle n'a pas sa raison d'être, car il y a deux propriétés ayant une limite déterminée et stable.

L'art. 559, auquel nous arrivons, traite l'hypothèse de l'avulsion. Il semble avoir considéré la décision romaine comme trop attentatoire aux droits du propriétaire de la portion enlevée, puisqu'il lui a permis de la réclamer tant que l'adhérence n'a pas duré au moins un an, ou que le propriétaire de la rive à laquelle ce terrain s'est uni n'en a pas pris possession. Quand l'année s'est écoulée sans réclamation et que le riverain est entré en possession, l'ancien propriétaire peut-il au moins réclamer une indemnité? Les termes de l'art. 559 paraissent exclure cette idée : il semble certain qu'on a voulu forcer le propriétaire à réclamer dans un bref délai, sous peine de perdre tous ses droits. Cette décision se justifie par la nécessité de ne pas permettre, après un temps trop long, un procès qui pourrait être fort obscur, sur l'importance et l'utilité du terrain qui a été porté d'une rive sur l'autre.

Le propriétaire du champ auquel la portion enlevée s'est unie pourrait-il exiger l'enlèvement ou réclamer une indemnité? Je ne le crois pas ; d'abord les termes de l'art. 559 paraissent peu favorables à cette solution : il y est dit que le propriétaire du terrain enlevé *peut* réclamer sa propriété. D'ailleurs le déplacement du terrain est un cas de force majeure qui ne peut admettre l'application de l'art. 1382. Seulement il me paraît équitable que le propriétaire du champ auquel ce terrain s'est uni puisse forcer l'autre propriétaire, par une sommation faite même avant l'expiration de l'année, à prendre son parti et à se prononcer pour l'enlèvement ou l'abandon.

L'art. 562 est ainsi conçu : Si un fleuve ou une rivière, en se formant un bras nouveau, coupe et embrasse le champ d'un propriétaire riverain et en fait une île, ce propriétaire conserve la propriété de son champ, encore que l'île soit formée dans un fleuve ou dans une rivière navigable ou flottable. Il ne fait ainsi, comme l'a dit M. Faure, que conserver un débris de la propriété continentale : la lui enlever, ce serait violer sans motif son droit de propriété.

Quant aux îles formées dans un fleuve ou une rivière par l'abaissement des eaux où l'élévation d'une portion du lit, les art. 560 et 561 les attribuent à l'État ou aux riverains suivant qu'il s'agit ou non d'un fleuve ou d'une rivière navigable ou flottable (1). Cette solution était déjà considérée comme un point constant dans notre ancien droit. Les îles attribuées à l'État font partie du domaine privé comme cela résulte de l'art. 560 *in fine*. Celles qui sont attribuées aux riverains se partagent entre eux d'après les règles suivantes : ou l'île est d'un seul côté de la ligne médiane, et alors elle appartient en totalité aux propriétaires de la rive la plus proche ; ou la ligne médiane la traverse, et alors elle marque la limite des portions distinctes attribuées à l'une et à l'autre rive. Dans le sens de sa longueur, l'île se partage entre les riverains du même

---

(1) On pourrait se demander comment il sera possible de distinguer les cours d'eaux navigables ou flottables de ceux qui ne le sont pas. Cette question est résolue pour tous les fleuves et rivières de France par l'ordonnance du 18 juillet 1835 qui désigne ceux qui font partie du domaine public en déterminant le point à partir duquel ils sont navigables ou flottables.

côté en proportion de l'étendue de front que chaque héritage présente sur la rive.

On doit prendre, pour appliquer ces règles, le moment où l'île s'est formée. L'art. 561 le dit positivement : les accroissements qu'elle peut recevoir par la suite sont acquis *jure alluvionis* à son propriétaire ou à ses propriétaires primitifs.

Supposons qu'une île se forme entre la rive et une autre île déjà formée. Faudra-t-il, pour en régler la propriété, examiner si elle est plus près de la rive ou de l'île, sans tenir compte de la ligne médiane du fleuve ? C'est la décision romaine : elle est certainement critiquable ; il paraît plus juste de ne considérer que la ligne médiane et d'accorder aux propriétaires des deux rives des priviléges égaux en étendant leur droit aux îles jusqu'à cette ligne médiane. Cette solution plus équitable me paraît d'ailleurs résulter des termes absolus de l'art. 561, auxquels on doit accorder une importance d'autant plus grande que nous sommes dans une matière de réglementation purement arbitraire.

Ce que nous venons de dire sur l'attribution des îles s'applique également, comme l'indiquent les expressions générales des art. 560 et 561, aux îlots et atterrissements quelconques, et par conséquent devrait être étendu même à l'hypothèse du lit entièrement desséché, lequel n'est, après tout, qu'un atterrissement en grand.

L'art. 563 règle l'hypothèse où une rivière abandonne son lit pour s'en frayer un autre. Le droit romain partageait le lit desséché entre les riverains : cette décision semblait contraire à l'équité en ce qu'elle enrichissait les riverains, tandis qu'elle laissait sans dédommagement les propriétaires envahis. Cette idée a déterminé le législateur à adopter une solution différente et à partager le lit abandonné entre ces derniers, proportionnellement à l'étendue de terrain que chacun a perdue. Si une île s'était primitivement formée dans le lit abandonné, devrait-elle être comprise dans le partage ? Évidemment non ; dès l'instant où elle s'est formée, elle a appartenu soit à l'État, soit aux riverains, elle a cessé juridiquement et réellement de faire partie du lit : l'art. 563 ne lui est pas applicable.

Nous avons dit que la solution du Code paraissait, au premier abord, plus équitable que la solution romaine ; il est pourtant fort douteux qu'elle lui soit préférable : elle peut être l'objet de vives critiques que M. Demolombe a développées avec une grande force (t. X, §§ 162 et 164). Il fait remarquer qu'indépendamment de la difficulté de fixer le droit proportionnel de chaque propriétaire envahi pour procéder au partage du lit abandonné, ce lit sera en général, s'il n'est pas très-étendu, d'une bien faible utilité pour ceux qui en deviennent propriétaires, tandis qu'il eût été d'une utilité sérieuse pour les riverains. Il en conclut que, même en admettant le principe de l'article, en admettant qu'une indemnité doive être accordée aux propriétaires envahis, on eût pu l'organiser d'une manière plus avantageuse en permettant aux riverains de soumissionner le lit délaissé de préférence à tous autres, comme cela se pratique pour les chemins abandonnés, et en partageant l'indemnité entre les propriétaires envahis. Mais ce principe lui-même, il arrive à le con-

tester : sauf pour les grands cours d'eau, il croit que
le propriétaire envahi gagne au changement qui s'est
opéré, que les avantages résultant du voisinage d'une
rivière compensent, et au delà, la perte du terrain
résultant pour lui de l'envahissement ; ce sont plutôt
les riverains qui sont à plaindre en perdant la qualité
de riverains, ce sont eux qu'il eût fallu plutôt indemniser, et l'indemnité la plus naturelle consistait dans
l'attribution de l'ancien lit. M. Demolombe en conclut
qu'on aurait dû conserver la décision proposée dans le
projet primitif du Code (liv. 2, t. II, art. 22 et 23), et
qui attribuait le lit abandonné aux propriétaires envahis
quand il s'agissait d'une rivière navigable ou flottable,
aux riverains lorsqu'il s'agissait d'une petite rivière.

Nous venons de parcourir successivement les hypothèses de l'alluvion, de l'avulsion, des îles, du lit
abandonné. Nous avons vu dans chacun de ces cas le
législateur disposer des terrains nouveaux résultant de
ces transformations en faveur des propriétaires , soit
de la rive, soit du lit nouvellement envahi. Supposons
maintenant que cette rive ou ce lit fussent l'objet de
certains droits personnels ou réels, ces droits s'éten-
dront-ils aux terrains dont ils s'accroissent par voie
d'accession ?

Supposons d'abord qu'il s'agisse d'un droit d'usufruit, qu'un champ riverain grevé de ce droit s'accroisse par l'un des modes d'accession dont nous venons de parler : le droit d'usufruit s'étendra-t-il à
l'île, au lit abandonné, au terrain d'alluvion ? Le Digeste résout la question d'une manière différente suivant qu'il s'agit d'une île ou d'un terrain alluvionnaire.

Ce dernier, d'après la loi 11, § 7, *De publiciana in rem actione*, doit suivre en tout la condition du fonds riverain auquel il adhère. *Quod per alluvionem fundo accessit, simile sit ei cui accessit.* Pour l'île, au contraire, la loi 9, § 4, *De usufr. et quemadmodum*, donne la solution inverse et décide que le droit d'usufruit ne devra pas lui être étendu : il justifie ces deux décisions différentes en disant : *Ubi latitat incrementum , et ususfructus augetur : ubi autem apparet separatum, fructuario non accedit.* Nos anciens auteurs admettent la même distinction, et pour l'expliquer, insistent fortement sur l'idée que l'île est distincte du champ riverain, tandis que le terrain alluvionnaire se confond avec lui et n'en est qu'une partie. *Incrementum latens alluvionis*, dit Dumoulin, *nobis acquiritur, nec censetur novus ager, sed pars primi : eodem jure, eadem causâ et qualitate nobis acquiritur et possidetur, sicut ager cui adjectum est.* En conséquence, ils présentent les deux solutions du Digeste comme évidentes et axiomatiques.

Cette idée ne me paraît pas parfaitement exacte ; je ne nie pas qu'il n'y ait une différence considérable entre les deux cas. Sans parler de l'adhérence matérielle qui existe dans l'un et non dans l'autre, il est certain que l'accession du terrain alluvionnaire est plus évidemment juste et nécesssaire que celle de l'île ; on ne conçoit pas qu'une législation rejette la première, on comprend qu'elle rejette la seconde. Est-ce à dire pourtant que l'accession du terrain alluvionnaire soit une vérité d'une nécessité absolue, d'une nécessité dont la négation impliquerait contradiction ? Est ce à dire que l'alluvion accède à la rive comme la pourpre brodée sur l'habit accède à cet habit, parce que, dans l'état actuel, il n'y a pas deux choses distinctes, mais une seule? Non, certes; on ne conçoit pas qu'une personne ait un droit sur l'habit sans avoir le même droit sur la broderie, car les deux choses n'en font plus rigoureusement qu'une seule ; il est impossible d'employer l'une sans employer l'autre en même temps : au contraire le terrain d'alluvion est distinct du champ auquel il adhère ; on conçoit comme possible que le premier appartienne à une personne, et le second à une autre ; il n'y a pas nécessité logique à ce que tous eux suivent la même condition. Il ne faut donc pas, ainsi que paraissent le faire nos anciens auteurs, considérer la décision qui étend le droit de l'usufruitier au terrain alluvionnaire comme une vérité axiomatique ; les considérations sur lesquelles elle repose, quelques puissantes qu'elles soient, sont de simples considérations d'utilité.

La décision qui refuse d'étendre à l'île les droits de l'usufruitier ne porte pas non plus le caractère d'une évidence absolue : elle est même d'une vérité très-contestable. Sans doute l'île se distingue facilement du champ riverain ; mais cela ne prouve qu'une chose, c'est que le législateur eût fort bien pu ne pas l'attribuer au propriétaire du champ riverain ; pourtant il l'a fait, parce qu'il lui a semblé que cette personne était celle qui pourrait en tirer le meilleur parti. Or les motifs qui l'ont déterminé militent également en faveur de l'usufruitier, et tendent à prouver qu'en général l'île doit suivre la condition du champ riverain.

Ces réflexions préliminaires nous aideront à résoudre la question de savoir si, sous l'empire du Code civil, les deux décisions romaines doivent être conservées. Il résulte, en effet, de ce que nous venons de dire que l'on peut concevoir les décisions contraires, que, par conséquent, la volonté des parties contractantes pourrait, sans absurdité, les consacrer. En constituant à quelqu'un un droit d'usufruit sur mon champ riverain, je pourrais déclarer qu'il n'aura aucun droit sur les terrains d'alluvion, comme je pourrais déclarer qu'il aura droit aux îles. Ceci posé, la question que nous agitons devient une pure question d'interprétation de volonté. Quand on aura à examiner si tel usufruitier a, ou non, droit aux îles, s'il a ou non droit aux terrains d'alluvion, on n'aura, si le contrat est muet à cet égard, qu'à se demander quelle paraît avoir été l'intention des parties. Poser la question autrement, c'est violer le grand principe de l'interprétation de bonne foi. Je ne considère donc que comme une simple présomption, comme une règle purement interprétative, la décision de l'art. 596, qui déclare que « l'usufruitier jouit de l'augmentation survenue par alluvion au fonds dont il a l'usufruit. » Entendue en ce sens, cette disposition est évidemment excellente.

Cet article, rapproché surtout de la décision de nos anciens auteurs, paraît bien supposer par *a contrario* que les droits de l'usufruitier ne s'étendent pas aux îles. Mais je n'accorde également à cette idée qu'une valeur purement interprétative, et j'ajoute que, même ainsi restreinte, elle ne me paraît pas à l'abri de tout reproche : j'ai déjà indiqué les motifs qu'on peut invoquer pour prouver que la décision contraire serait mieux entendue au point de vue de la justice et de l'utilité, et plus conforme à l'intention probable des parties.

Les décisions que nous venons de donner pour l'usufruit doivent être évidemment étendues à l'usage et aux servitudes. Doivent-elles être étendues à l'hypothèque? Oui, en ce qui touche l'alluvion : il me semble incontestable que, dans la pensée des rédacteurs du Code, l'art. 2133, qui déclare que l'hypothèque acquise s'étend à toutes les améliorations faites à l'immeuble hypothéqué, doit être appliqué aux accroissements alluvionnaires. Mais quant à l'île, la solution ne doit pas être la même que pour l'usufruit : il faut faire intervenir ici un principe nouveau, celui de la spécialité de l'hypothèque. Il a pour conséquence immédiate la décision exprimée par l'art. 2129, que les biens à venir ne peuvent être hypothéqués. Or il est impossible de ne pas considérer comme un bien à venir l'île qui accède au champ postérieurement à l'hypothèque ; il en résulte que la volonté des parties, exprimée dans l'acte constitutif, ne pourrait avoir pour effet d'étendre sur elle l'hypothèque conventionnelle, et que par conséquent on doit décider, non pas à titre de simple présomption, mais à titre de disposition impérative, que l'hypothèque ne s'étend pas aux îles qui accèdent au champ hypothéqué.

Si le champ riverain était loué, les droits du fermier s'étendraient-ils aux alluvions ou aux îles qui y accèdent? La question me paraît encore une question d'interprétation. Posée en ces termes, elle doit être résolue affirmativement pour l'alluvion. Cette décision est conforme à la raison, à l'analogie que fournit la décision de l'art. 396, et à l'interprétation naturelle de la volonté des parties. Certains auteurs ont, pour la combattre, invoqué deux arguments : 1° On n'a loué que le champ et non le terrain alluvionnaire qui n'existait pas. Ceci est une pure pétition de principe : le contrat doit être interprété de bonne foi et non d'après le sens strict des expressions employées. Dès lors la question est précisément de savoir quelle intention doit être présumée dans le silence des parties, et l'argument de l'opinion adverse se réduit à une affirmation purement gratuite, et contraire, je crois, à la vérité. 2° On en invoque un autre qui n'est pas plus concluant : Si la rivière, dit-on, eût envahi une partie du champ riverain, le fermier, en vertu de l'art. 1722, pourrait réclamer la résiliation du bail ou une diminution de loyer. Donc, puisqu'il ne souffrirait pas de la diminution, il ne doit pas profiter de l'accroissement. On répond avec raison que le législateur ne s'est pas laissé guider en cette matière par cette idée de compensation rigoureuse entre les éventualités de profit et de perte, et la preuve, c'est que le créancier hypothécaire profite de l'alluvion, tandis qu'il pourrait, en cas d'envahissement partiel, réclamer un supplément d'hypothèque en vertu de l'art. 2131. On ajoute que cette manière de raisonner n'est pas plus conforme aux principes du louage qu'aux principes de l'accession, puisque le fermier a droit à une diminution de fermage en cas d'insuffisance des récoltes, tandis qu'il ne doit aucun supplément de prix, quelque abondantes qu'elles puissent être.

Le fermier qui profitera de l'alluvion ne devra, en principe, aucun supplément de prix; il faudra faire exception pour le cas où une circonstance quelconque révèlerait, chez les parties, une intention contraire; il en serait ainsi, par exemple, si le terrain avait été loué à tant la mesure.

Les droits du fermier s'étendent-ils sur les îles? Tous les auteurs, par analogie de la décision consacrée par la loi en matière d'usufruit, admettent la négative.

Dans tout ce qui vient d'être dit, nous n'avons jamais parlé que de deux espèces particulières d'accessions, l'alluvion et la formation des îles. Dans l'hypothèse de l'art. 563, dans l'hypothèse du changement dans le cours d'un fleuve, quelles décisions devraient être adoptées? L'idée qui domine l'art. 563, l'idée d'une compensation à accorder à ceux qui se trouvent dépouillés par le changement du cours des eaux, me paraît applicable à tous ceux qui avaient sur les terrains envahis un droit quelconque, aussi bien qu'au propriétaire même de ces terrains. L'intention du législateur est, ce me semble, de substituer entièrement le lit abandonné aux terrains envahis, et, par conséquent, de les placer dans une condition absolument identique : je crois que l'hypothèque elle-même doit s'étendre à la portion de l'ancien lit qui est attribuée au propriétaire grevé, et qu'il ne faut pas voir dans cette portion un bien à venir, dans le sens de l'art. 2129, mais simplement une représentation de terrain hypothéqué qui a disparu sous les eaux.

Nous avons terminé l'explication des art. 560, 561, et 563 ; ils nous fournissent les principaux éléments de la solution d'une question importante et très-controversée, celle de savoir quel est le propriétaire des petites rivières, des rivières qui ne sont ni navigables ni flottables. Cette question est discutable au point de vue du Code et de notre ancienne législation. Une thèse longtemps admise comme incontestable attribuait aux seigneurs haut justiciers la propriétés des petites rivières avant 89. M. Championnière l'a vivement attaquée dans son *Traité de la propriété des eaux courantes*. En présence de l'immense érudition qu'il a mise au service de sa thèse, un jurisconsulte consommé pourrait seul engager avec lui une discussion sérieuse. Heureusement je ne crois pas indispensable d'avoir une opinion arrêtée sur la question historique pour arriver, sous l'empire du Code, à une solution satisfaisante. Que la propriété des seigneurs haut justiciers sur les petites rivières fût une simple usurpation résultant de l'abus de leurs droits de police, c'est ce que M. Championnière me paraît avoir parfaitement démontré. Mais l'usurpation était, avant 89, consacrée par l'usage et admise à peu près unanimement. M. Championnière lui-même est obligé d'avouer que le droit des seigneurs haut justiciers est reconnu par les textes les plus formels. Loysel, Despeisses, Boutaric, Duparc-Poulain, Delalande, contiennent à cet égard des déclarations qui ne laissent rien à désirer. M. Championnière répond que cela n'était vrai que pour certaines rivières, et il cite en sens contraire un assez grand

nombre de textes et de formules d'actes. Mais ces dernières autorités sont peu convaincantes : aujourd'hui
que la question est l'objet d'une controverse des plus
vives, on voit chaque jour des actes de mutation comprendre dans la vente d'un champ une rivière qui le
traverse. Les autres témoignages sont plus sérieux,
mais on peut soutenir qu'ils s'appliquaient aux simples
ruisseaux, ou qu'ils sont la trace d'opinions diver-
gentes qui ont fini par être définitivement condam-
nées. La démonstration de M. Championnière est loin
d'être décisive sur ce point, et, le fût-elle, elle n'em-
pêcherait pas que la doctrine de la propriété des seigneurs haut justiciers n'ait été, depuis 1789 jusqu'en
1804, l'opinion constante du législateur. On peut en
voir la preuve irréfragable dans un rapport fait à l'Assemblée constituante par M. Arnould dans la séance
du 23 avril 1791, et cité par M. Demolombe (t. X,
§ 136.) Il est constant que l'Assemblée constituante,
en abolissant les droits féodaux, a cru que cette décision avait pour conséquence de rendre les petites rivières propriété de l'État. Qu'elle ait été entraînée à le
penser par une erreur historique, peu importe ; elle
n'en a pas moins voulu qu'il en fût ainsi, voulu dans
son omnipotence législative, et cela suffit. M. Championnière, qui, dans le droit coutumier, méconnaît
l'autorité de la coutume reçue en la qualifiant d'usurpation, tombe ici dans une erreur analogue, et sous
une législation écrite, méconnaît la volonté certaine
du législateur sous prétexte qu'elle résulte d'une erreur
historique. Je crois, au contraire, qu'il faut nous incli-
ner devant cette volonté, quelle qu'elle soit, et décider

qu'à partir de l'abolition du régime féodal, les petites rivières ont appartenu à l'État.

Tel était, en 1804, l'état de la question : j'en tire cette conclusion que, dût-on admettre comme entièrement vraie la thèse historique de M. Championnière, il n'en faudrait pas moins, pour refuser à l'État la propriété des petites rivières, trouver en ce sens une indication quelconque de la volonté du législateur.

Cette indication, on l'a cherchée dans l'art. 538 qui déclare dépendances du domaine public les rivières navigables ou flottables, et qui, ne parlant pas des petites rivières, semble bien les exclure. Ce premier point une fois posé que les petites rivières ne font pas partie du domaine public, on a trouvé, en faveur de la propriété des riverains, un argument également très-spécieux dans le rapprochement des art. 560 et 561. Aux termes de ces deux articles, les îles appartiennent à l'État ou aux riverains, suivant qu'elles sont formées dans une grande ou dans une petite rivière. Toutes les règles de l'induction, a-t-on dit, autorisent à croire que l'idée du législateur a été, dans l'un comme dans l'autre cas, d'attribuer les îles au propriétaire du lit, que, par conséquent, dans sa pensée, les riverains sont propriétaires des petites rivières.

Le système fondé sur ce double argument soulève de très-fortes objections. La première se tire de la décision donnée par l'art. 563 : l'attribution qu'il fait du lit abandonné aux propriétaires envahis est une expropriation inexplicable, si ce lit était devenu la propriété des riverains. Nous avons vu également que, si une

ne formée en face d'un champ s'étend, par suite d'alluvions, devant le front du champ voisin, elle n'en est
pas moins attribuée intégralement au premier : ceci
serait encore inexplicable si le lit était partagé d'a-
vance entre les riverains par zones parallèles dont la
base serait la longueur de chaque champ, ce qui n'est
qu'une conséquence nécessaire du système qui attribue
la propriété aux riverains.

En présence de ces objections plusieurs auteurs, et
notamment M. Demolombe, n'ont pas cru pouvoir admettre le principe de la propriété riveraine ; mais, dés-
espérant d'expliquer l'art. 538 dans le système de
la propriété de l'État, ils ont imaginé une doctrine qui
consiste à dire que les petites rivières n'appartiennent
ni à l'État ni aux riverains, qu'elles sont choses communes, et ils se sont flattés ainsi d'échapper à toutes
les difficultés. Mais ils n'ont pu le faire qu'en méconnaissant les principes les plus élémentaires de la division des choses. M. Demolombe lui-même a défini les
choses communes, celles que la nature a affectées à
l'usage commun de tous, et qui, à raison de leur immense étendue et de leur fécondité inépuisable, restent
nécessairement dans la communauté négative du genre
humain, et ne sont susceptibles d'aucune appropriation. Si cette définition est vraie, il est impossible que
le lit des petites rivières soit une chose commune ; il
constitue évidemment, comme celui des grandes rivières, un bien susceptible d'appropriation. Il faut
donc rejeter le système dont je viens de parler comme
une erreur manifeste, et prendre parti entre la propriété des riverains et celle de l'État.

Dans cette nécessité, en présence des objections que rencontre le premier de ces systèmes, je crois devoir adopter le second, sans méconnaître les difficultés qu'il soulève. Mes raisons sont celles-ci :

1° Le législateur considérait les petites rivières comme ayant été autrefois la propriété des seigneurs hauts justitiers, et, depuis l'abolition de la féodalité, la propriété de l'État. Les attribuer aux riverains, c'eût été, pour lui, faire en cette matière une innovation radicale qu'il n'aurait pu consacrer d'une manière trop explicite. Loin de là, il est resté muet, et, au lieu de poser en principe la propriété des riverains, en indiquant les restrictions qui y sont apportées, il consacre, au contraire, chacun de leurs droits par une disposition spéciale; il leur accorde une à une un certain nombre de prérogatives, comme on peut le voir dans les art. 556, 557, 561, 644.

2° Il dispose du lit des petites rivières avec un arbitraire qui me paraît tout à fait incompatible avec le principe de la propriété privée. L'art. 563 en fournit l'exemple le plus saillant.

Je reconnais d'ailleurs qu'on peut opposer à ce système de nombreuses objections; je vais les parcourir une à une.

La première se tire des art. 644 et 645. L'art. 644 déclare que celui dont la propriété est traversée ou bordée par une petite rivière peut s'en servir pour l'irrigation de son fonds. L'art. 645 ajoute que s'il s'élève une contestation entre les propriétaires auxquels les eaux peuvent être utiles, les tribunaux, en prononçant, doivent concilier l'intérêt de l'agriculture avec le respect dû à la propriété. La propriété de quoi? Évidemment des eaux, dit M. Championnière. On peut répondre victorieusement que si, dans cette phrase, d'ailleurs très-vague, le législateur entend parler de la propriété des eaux, cela s'applique uniquement à la propriété de cette portion d'eau que l'art. 644 répartit entre les riverains, et n'autorise nullement à conclure en faveur de la propriété du lit.

L'art. 561 a fourni à nos adversaires un autre argument. Le législateur, a-t-on dit (Troplong, *de la Prescription*, t. I, n° 145), s'occupe, dans notre section, du droit d'accession relativement aux choses immobilières, et, entre autres dispositions, il déclare que les îles formées dans les petites rivières appartiennent aux riverains, et il voit par conséquent dans cette attribution un cas d'accession; or les îles ne peuvent pas accéder à la rive à laquelle elles n'adhèrent pas, mais au lit dont elles sont une partie. C'est donc parce qu'ils sont propriétaires de ce lit que les riverains gagnent les îles : la place qu'occupe l'art. 561 suffit pour révéler, à ce sujet, la pensée du législateur. Tel est l'argument que nous avons à réfuter. Nous pouvons faire remarquer tout d'abord le danger de ces déductions subtiles par lesquelles on tire des conséquences rigoureuses du rapprochement de deux articles, ou de la rubrique sous laquelle un article est placé. Cette méthode, en supposant le Code rédigé par des théoriciens, aurait l'inconvénient de donner une importance excessive à une inadvertance ou à un hasard de rédaction ; mais quand on songe qu'il est l'œuvre de praticiens assez peu soucieux de l'exactitude scientifique

et du classement méthodique des idées, on arrive
à reconnaître que les inductions de ce genre ne doivent être accueillies qu'avec la plus extrême défiance.
Ainsi, dans le cas particulier dont il s'agit, il me paraît évident que les rédacteurs du Code n'ont pas songé
un instant à se demander si l'accession supposait
nécessairement une adhérence matérielle entre deux
choses, et si la disposition de l'art. 561 pouvait se
rattacher à cette idée. Ils ont vu nos anciens auteurs
comprendre dans l'accession la matière des accroissements qui peuvent résulter pour un champ du voisinage d'un cours d'eau : ils ont suivi l'usage en pla-
çant ici tous les détails qu'elle leur a paru comporter,
sans se préoccuper si chacune de leurs décisions se rat-
tachait à l'idée d'une accession proprement dite. L'art.
563 en est la preuve évidente. Ces considérations suffi-
raient pour repousser l'argument de nos adversaires ;
mais nous pouvons leur opposer une réfutation encore
plus directe, nous pouvons nier le principe fondamental sur lequel ils s'appuient, et soutenir que l'accession,
telle qu'elle doit être entendue et telle que nos anciens
auteurs l'ont comprise, ne suppose pas nécessairement
une adhérence matérielle entre deux choses ; nous
croyons l'avoir démontré au commencement de cette
thèse, et, pour prouver que telle est aussi l'idée du
législateur, nous ferons seulement remarquer que c'est
sous la rubrique de l'accession mobilière qu'il traite
de la spécification.

Mais la décision de l'art. 561 peut, à un autre point
de vue, fournir contre nous une objection plus sérieuse ;
il suffit, pour cela, de la comparer à celle de l'art. 560.

Tandis que ce dernier refuse aux riverains le bénéfice des îles, l'art. 561 le leur accorde au contraire. Comment expliquer cette différence entre les grandes et les petites rivières? On le peut, je crois, d'une manière assez satisfaisante, en disant que les îles formées dans les grandes rivières seront souvent assez étendues pour que l'État puisse en tirer une utilité sérieuse, tandis que les île formées dans les petites rivières ne peuvent, à raison de leur faible étendue, être, pour tout autre propriétaire que les riverains, l'objet d'un droit véritablement profitable. Au surplus, quoi qu'on pense de la valeur de ce motif et de l'influence qu'il a pu avoir sur la décision de la loi, on ne pourrait légitimement tirer des deux articles en question qu'une seule conclusion, c'est que le législateur a voulu accorder aux riverains des droits plus étendus sur les petites rivières que sur les grandes, mais non qu'il a entendu porter cette faveur jusqu'à leur reconnaître un droit de propriété véritable.

Reste à réfuter l'objection capitale de nos adversaires, l'objection tirée de l'art. 538. Le législateur, dans cet article, a déclaré les grandes rivières portion du domaine public ; il a fait plus : dans le projet primitif, l'article portait : les rivières navigables, flottables ou non ; dans la rédaction définitive ces deux derniers mots ont disparu ; cette suppression, disent nos adversaires, n'indique-t elle pas de la manière la plus certaine que l'intention du législateur a été de rejeter du domaine public les rivières non navigables ou flottables? L'argument est certes des plus spécieux : je crois même impossible de lui opposer une réfutation en règle et de nature à convaincre tous les esprits. Mais nous sommes dans une de ces matières où aucune opinion ne peut aspirer à un triomphe complet, où personne ne peut se flatter d'avoir répondu à toutes les objections. Tout en reconnaissant la force de celle-ci, nous sommes donc autorisés à dire qu'elle ne nous paraît pas pouvoir l'emporter sur les raisons que nous avons déduites en faveur de notre doctrine. On sait comment s'élabore une loi devant une commission ou une assemblée ; que de fois, en lisant les procès-verbaux de la rédaction du Code, ne voit-on pas une expression effacée ou corrigée sans motif sérieux et par suite d'un simple hasard de rédaction ! que de fois n'arrive-t-il pas qu'une observation peu fondée, à laquelle il est certain que la majorité ne s'est pas rendue, laisse pourtant une trace dans la rédaction définitive, et, grâce à la condescendance ou à l'inadvertance du législateur, ait ainsi les apparences d'un triomphe ! Eh bien ! dans le cas particulier dont il s'agit, n'est-il pas possible que, en rejetant les petites rivières de l'art. 538, en refusant de les ranger dans le domaine public, on ait entendu simplement réserver la question qui nous occupe, et qu'en même temps on ait été sous l'impression de cette idée qu'elles ne doivent pas être assimilées complétement aux rivières navigables ou flottables, que les riverains doivent avoir sur les premières des droits plus étendus que sur les secondes, comme le prouvent les art. 561 et 644, que les rivières navigables et flottables sont plus particulièrement, plus essentiellement propres à un usage public ? Cette explication n'est sans doute qu'une conjecture ;

mais si elle a quelque probabilité, elle nous suffit pour prouver que l'art. 538 n'est pas décisif contre nous, et pour lui opposer victorieusement les considérations que nous avons présentées en faveur du principe de la propriété de l'État.

Mais la solution du législateur de 1804, si elle est telle que nous le pensons, n'a-t-elle pas été abrogée par une loi postérieure? On pourrait le soutenir en invoquant la loi du 15 avril 1829 sur la pêche, qui déclare que les propriétaires riverains des petits cours d'eau auront chacun de son côté le droit de pêcher jusqu'au milieu, et décide, dans l'art. 3, que, dans le cas où les cours d'eau seront déclarés navigables ou flottables, les riverains privés du droit de pêche pourront exiger une indemnité préalable. Ce fut là, sans doute, un triomphe partiel pour l'opinion que nous combattons, mais on ne peut pas en conclure à l'abrogation des règles du Code civil, puisque le législateur de 1829 ne s'est prononcé que sur un point spécial, et que partant c'est sur ce point seulement que sa décision peut avoir une autorité souveraine.

La décision que nous venons de donner pour les petites rivières est-elle applicable aux simples ruisseaux? La négative me paraît certaine. M. Demolombe (t. X, § 142) prouve, par les citations les plus concluantes, que ni dans notre ancien droit ni dans le droit intermédiaire, les ruisseaux n'ont été confondus avec les petites rivières, que toujours on les a considérés comme la propriété des riverains; et rien n'est plus naturel. Les ruisseaux, comme l'a dit Merlin et après lui M. Arnould, dans son rapport à l'Assemblée constituante, se distinguent essentiellement des rivières en ce qu'ils ne sont propres à aucun usage général : il n'y a donc aucun motif de les soustraire à l'appropriation indivi-duelle. Ainsi la raison et la tradition sont d'accord pour nous autoriser, dans le silence du législateur, à les con-sidérer comme une propriété privée ; nous disons : dans le silence du législateur ; car il nous paraît impossible, sans forcer le sens naturel des mots, d'appliquer aux ruisseaux l'expression de *rivières non navigables ni flot-tables.*

La solution qui résulte pour nous de la discussion précédente se ramène à ces termes : Les cours d'eau qui, sans être navigables ou flottables, ne sont pas néanmoins de simples ruisseaux, appartiennent à l'État. Quelles sont les conséquences de ce principe ? C'est ce qu'il nous reste à examiner : nous saurons ainsi quel est l'intérêt pratique de la question que nous avons agitée.

La conséquence générale, c'est que les riverains n'ont d'autre droit sur les cours d'eau que ceux qui leur sont reconnus par une disposition spéciale de la loi. De là les résultats suivants :

1° Les riverains n'ont droit à aucune indemnité si la rivière est déclarée navigable ou flottable, ou si le ter-rain qu'elle traverse est exproprié pour cause d'utilité publique. La loi du 15 août 1829 fait à cette règle une dérogation spéciale qui ne doit pas être étendue.

2° Les personnes dont une rivière borde ou traverse l'héritage ne peuvent s'opposer à ce que d'autres per-sonnes les traversent en bateau.

3° Un riverain ne peut empêcher le riverain opposé

d'établir un barrage sur toute l'étendue de la rivière.
Il peut simplement empêcher qu'on ne l'appuie sur
son terrain ; il peut même le faire réduire, mais à la
condition de prouver qu'il lui cause un dommage ; il ne
lui suffirait pas d'alléguer que l'ouvrage est fait contre
sa volonté.

Ces conséquences sont toutes parfaitement confor-
mes à la raison et à l'utilité sociale ; elles contribuent à
confirmer notre système. Il en est une dernière à laquelle aboutirait son application rigoureuse, mais qui
paraît inacceptable : c'est que les riverains n'auraient
pas le droit exclusif d'extraire du lit de la rivière le
limon, les sables et les graviers, ou de récolter les
herbes et roseaux qui y croissent. Ce privilége est pourtant si équitable en présence de l'obligation de curage
que leur impose la loi du 14 floréal an XI, qu'il me paraît impossible de le leur refuser ; si le législateur n'en
a pas parlé, il n'en est pas moins certain qu'il l'a considéré comme la conséquence toute naturelle et la juste
compensation du travail qu'il imposait aux riverains.

Ici s'arrêtent les développements relatifs à la matière des accroissements qui peuvent résulter pour un
champ du voisinage d'un cours d'eau, Il nous reste,
pour en finir avec la section première de notre chapitre,
à expliquer l'art. 564. Son intelligence exige quelques
observations préliminaires.

Nos anciens auteurs, comme on peut le voir dans
Pothier (*de la communauté*, n° 43), ont, au point de
vue du droit, distingué les animaux en trois classes :
1° animaux domestiques, susceptibles d'une appropriation complète et assimilés aux objets inanimés ; 2° ani-

maux sauvages que leur instinct destine à vivre dans une complète indépendance de l'homme, qui ne lui appartiennent que tant qu'il les retient par la force et redeviennent *res nullius* aussitôt qu'ils se sont échappés; 3° animaux que leur instinct destine à vivre dans une demi-indépendance de l'homme, qui ne peuvent être retenus que par la force, mais qui ont l'habitude de vivre constamment ou de revenir à des époques fixes dans certains lieux soumis à la propriété de l'homme, et se trouvent ainsi subir indirectement une appropriation imparfaite. Telles sont les abeilles, qui habitent dans une ruche où l'on peut recueillir la cire ou le miel qu'elles produisent; les lapins, qui reviennent régulièrement dans les garennes; les poissons, qui vivent dans un étang où l'on peut les retenir et les prendre, soit en le mettant à sec, soit autrement. Fussent-ils hors de notre atteinte, ils continuent de nous appartenir tant qu'ils ont l'esprit de retour. Ils ne deviennent *res nullius* que lorsqu'ils l'ont perdu.

Nous n'avons à nous occuper que de ces derniers. L'art. 524 les déclare immeubles par destination. Il y a là une erreur certaine : non-seulement ils sont immeubles (car, comme le dit Pothier, ils ne nous appartiennent que *ratione loci nostri in quo sunt*; ils ne sont réellement, au point de vue du droit, qu'un accessoire, un embellissement de ce lieu), mais encore ils sont immeubles par nature, car ils appartiennent en tout cas au propriétaire de ce lieu, sans distinguer s'ils y ont été placés par lui ou par une autre personne; il est impossible qu'il en soit autrement, puisqu'on n'a de prise sur eux qu'à raison de l'habitude qu'ils ont de demeurer ou de revenir en ce lieu, puisqu'ils n'en sont, au point de vue du droit, qu'un accessoire. Il faut donc, sans hésiter, corriger les expressions de l'article 524.

L'art. 564 est ainsi conçu : « Les pigeons, lapins, poissons, qui passent dans un autre colombier, garenne ou étang, appartiennent au propriétaire de ces objets, pourvu qu'ils n'y aient pas été attirés par fraude ou artifice. » Laissons d'abord de côté cette dernière phrase et la restriction qu'elle paraît supposer : examinons la décision donnée en principe par le législateur. Elle ne fait que consacrer un fait contre lequel la loi est impuissante. Si je n'ai prise sur les animaux dont il est question que par leur habitude de séjourner ou de revenir dans un lieu qui m'appartient, que puis-je faire du moment où ils ont perdu cette habitude ? Les poissons de mon étang sont passés dans un autre ; les abeilles de ma ruche se sont fixées dans la ruche de mon voisin ; je ne puis rien contre ce fait ; ma propriété est anéantie, parce que, si elle subsistait, il me serait impossible d'en tirer aucune utilité.

S'il en est ainsi, la décision de la loi ne peut admettre aucune restriction. C'est ce qu'avait compris Pothier : aussi, dans son *Traité de la propriété*, n° 167, déclare-t-il que, si les animaux de cette espèce ont été attirés dans un autre lieu par fraude ou artifice, leur ancien propriétaire aura perdu tout droit sur eux, mais pourra réclamer une indemnité. L'art. 564 semble, au contraire, lui conserver son droit de propriété. M. Faure l'a interprété en ce sens de la manière la plus explicite dans son rapport au Tribunat. Il me semble évident que le désir de combattre la fraude a entraîné le législateur à commettre un non-sens. Le droit de propriété est impossible à exercer lorsque les animaux ont perdu l'esprit de retour par suite d'un artifice coupable aussi bien que lorsqu'ils l'ont perdu par une cause purement fortuite. Si pour les pigeons il semble possible de s'en emparer de nouveau, c'est qu'ils ne sont pas, au même degré que les autres animaux dont parlent notre article et l'art 524, dans une indépendance naturelle de l'homme ; c'est qu'ils forment en quelque sorte une espèce intermédiaire entre la classe dont nous parlons et celle des animaux domestiques. Alors la restriction de l'art. 564 est concevable à la rigueur et peut recevoir son application ; mais, s'il s'agit, par exemple, de poissons qui ont changé d'étang ou d'abeilles qui ont changé de ruche, cette restriction est un non sens dont il est impossible de tenir aucun compte.

Il nous reste à parler de l'accession en matière mobilière. Cette matière, si importante et si étudiée en droit romain, a perdu chez nous presque tout son intérêt par suite de l'introduction dans le Code du principe : en fait de meubles, possession vaut titre. Ce n'est que dans les cas où cette maxime ne reçoit pas son application, et notamment dans l'hypothèse d'une possession de mauvaise foi, que la propriété mobilière peut se trouver acquise par voie d'accession. Les rédacteurs du Code nc se sont pas assez souvenus de cette différence entre les lois antérieures et la loi nouvelle et se sont laissé entraîner par l'exemple des jurisconsultes romains et de nos anciens auteurs à traiter fort longuement un sujet qui n'a aujourd'hui qu'une importance très-médiocre. Peut-être eussent-ils agi plus sagement en abandonnant les questions de ce genre à la libre appréciation des tribunaux.

Tel est en effet le principe que semble poser la première phrase de l'art. 565. Mais, comme on le fit remarquer dans la discussion, la seconde-phrase, en renvoyant pour les cas spécialement prévus aux règles impératives des articles suivants, admet une exception aussi étendue que la règle elle-même, puisque ces articles prévoient tous les cas dont la science s'est jusqu'à ce jour occupée. Le législateur ne pose ainsi le principe que pour l'abroger immédiatement. Les articles que nous allons étudier sont impératifs, et la sentence qui les violerait serait sujette à cassation.

Le Code, suivant la division de Pothier, traite de l'adjonction dans les art. 566 à 569, de la spécification dans les art. 570 à 573, et du mélange dans les art. 574 et 575.

L'art. 566 pose, relativement à l'adjonction, le principe suivant : « Lorsque deux choses, appartenant à différents maîtres, qui ont été unies de manière à former un seul tout, sont néanmoins séparables, en sorte que l'une puisse subsister sans l'autre, le tout appartient au maître de la chose qui forme la partie principale, à charge de payer à l'autre la valeur de la chose qui a été unie. » La décision n'est donnée *in terminis* que

pour le cas où la séparation est possible ; elle s'applique *a fortiori* au cas où elle est impossible. Dans celui-ci seulement elle a sa raison d'être ; dans le cas où
les choses unies sont séparables, la décision de la loi
ne peut se justifier, c'est une violation inexplicable du
droit de propriété, à laquelle le législateur a été entraîné, sans aucun doute, par l'influence du droit romain qu'il a mal compris. Les jurisconsultes romains,
nous l'avons vu, refusaient alors la *vindicatio* au propriétaire de la chose accessoire, mais en lui accordant
l'action *ad exhibendum* : c'était, sauf la question de
procédure , reconnaître son droit et lui permettre de
reprendre ce qui lui appartient. Les rédacteurs du
Code ne l'ont pas compris : ils n'ont vu qu'une chose,
c'est que la *vindicatio* lui était refusée, et ont cru traduire exactement en décidant que la chose accessoire
appartient au propriétaire de la chose principale.
C'est une erreur historique ; c'est en même temps une
décision profondément injuste et attentatoire à la propriété, une décision d'autant plus déplorable qu'elle
profitera presque toujours à un possesseur de mauvaise
foi, puisque seul, ou peu s'en faut, il ne peut invoquer
le principe qu'en fait de meubles possession vaut titre.

Le principe, absurde, on peut le dire, de l'art. **566,**
reçoit une exception dans l'art. 568, pour le cas où
la chose accessoire est *beaucoup* plus précieuse que la
chose principale.

Les art. 567 et 569 donnent, sur la manière dont
on pourra reconnaître la chose principale, deux règles,
dont la seconde ne doit être appliquée que subsidiaire-
ment, et qui, d'après les observations que nous avons

faites sur la même question en droit romain, n'exigent aucune explication.

L'art. 566 déclare que le propriétaire de la chose principale doit payer au propriétaire de la chose accessoire la valeur de cette chose; l'expression ne doit pas être prise à la lettre; d'une part, si l'accession a eu lieu par le fait du premier, il doit, par application de l'art. 1382, réparer le dommage qu'il a causé, et par conséquent, comme le déclare l'art. 577, il pourra être condamné à des dommages-intérêts supérieurs à la valeur de la chose; d'autre part, si elle a eu lieu par le fait du second, il ne pourra exiger qu'une indemnité égale, non pas à la valeur absolue de la chose, mais au profit que retire de l'accession le propriétaire du principal.

Telles sont les règles de l'adjonction : celles de la spécification, pour le cas où le spécificateur a employé uniquement une matière qui ne lui appartenait pas, sont posées dans les art. 570 et 571. Il en résulte que l'ouvrier n'est propriëtaire de la nouvelle espèce que dans le cas où la main-d'œuvre dépasse de beaucoup la valeur de la matière employée; alors seulement il peut la retenir, ou même la répéter, ceci ne fait pas de doute, à la condition, dit l'art. 571, de rembourser le prix de la matière au propriétaire : il devrait, si celui-ci avait éprouvé, par suite de la perte de la chose, un dommage particulier, lui payer, en outre, des dommages-intérêts (art. 577). Sauf ce cas exceptionnel, le propriétaire de la matière est préféré au spécificateur; il peut, dit l'art. 570, réclamer la chose, soit que la matière puisse ou non reprendre sa

première forme. Il peut, mais il n'est pas forcé : s'il
le préfère, l'art. 576 lui donne le droit de réclamer la
restitution de sa matière, en mêmes nature, quantité,
poids, mesure et bonté, ou sa valeur. Il peut, en outre,
exiger des dommages-intérêts (art. 577). S'il se décide
à réclamer la chose, il doit, dit l'art. 570, rembourser
le prix de la main-d'œuvre. Peut-être pourrait-on soutenir qu'il ne doit rembourser que l'augmentation de
valeur qui résulte pour lui du travail qu'a subi sa chose ;
mais il me paraît plus conforme à l'équité et aux expressions employées par le législateur de décider qu'il
est placé dans l'alternative ou de demander une indemnité, ou de reprendre la chose, en payant alors la valeur
intégrale de la main-d'œuvre.

Le système du législateur en cette matière est,
comme on le voit, complétement neuf : si l'on songe
qu'il ne s'applique, en général, qu'à des cas où le spécificateur est de mauvaise foi, on ne peut que l'approu-
ver sans restriction : dans les cas fort rares où il s'agira
d'un spécificateur qui aura employé de bonne foi une
chose volée ou perdue, et, par conséquent, ne pourra
repousser la revendication, le système du législateur se
justifie encore par la nécessité de ne pas ouvrir au vol
un débouché trop facile. Si, dans cette hypothèse, le
spécificateur était préféré, il serait moins attentif, lorsqu'on lui offrirait des matières ouvrables, à constater
si elles ne proviennent pas d'un vol ; car, sachant
qu'il va les employer, il serait rassuré contre toute revendication.

Nous avons déjà remarqué que rien, dans les expressions dont se sert l'art. 570, n'indiquait l'intention

d'accorder au spécificateur un droit de rétention, et que, par conséquent, ce droit devait lui être refusé.

Les cas où le spécificateur a employé en partie sa matière, en partie celle d'autrui, sont soumis à des règles qui ne peuvent être bien comprises si l'on ne connaît celles du mélange. Ce sont donc ces dernières qui doivent d'abord nous occuper ; elles sont contenues dans les art. 573 et 574.

Nous savons que les jurisconsultes romains distinguaient le mélange des liquides, dans lequel ils voyaient un cas d'accession véritable, et le mélange des solides, où il n'y avait pas accession, où chacun conservait sa propriété. Pourtant, si les corps solides avaient été confondus de manière qu'il fût impossible de les distinguer, si, par exemple, deux tas du même blé avaient été mélangés, la force des choses l'emportait sur les principes du droit, et le juge de la *vindicatio* était forcé, comme le juge de l'action *communi dividundo*, d'attribuer à chacun une portion de la masse totale résultant du mélange. Il n'y avait, entre ce cas et le mélange des liquides, qu'une différence de procédure, fondée, comme l'avait déjà remarqué Pothier, sur une pure subtilité, on peut même dire sur une erreur certaine ; car, dans un cas comme dans l'autre, les deux matières primitivement distinctes n'en forment plus qu'une seule au point de vue juridique, au point de vue de l'utilité que l'homme peut en tirer : dans un cas comme dans l'autre, il y a véritablement accession.

Le législateur du Code l'a compris, et, sans faire aucune distinction entre le mélange des liquides et celui des solides, il déclare, dans l'art. 573, que « si les matières peuvent être séparées, celui à l'insu duquel les matières sont mélangées peut en demander la division ; si les matières ne peuvent être séparées sans inconvénient, ils en acquièrent en commun la propriété dans la proportion de la quantité, de la qualité et de la valeur des matières appartenant à chacun d'eux. » Cette dernière solution semble être posée d'une manière absolue ; nous aurons pourtant à examiner, sur l'art. 576, si le mélange ayant été opéré par un seul propriétaire, l'autre ne pourrait pas refuser le partage en demandant ou une indemnité, ou la restitution de sa matière, en mêmes nature, quantité, poids, valeur et bonté. Dans l'hypothèse inverse, dans l'hypothèse où la séparation est possible sans inconvénient, on décide que celui à l'insu duquel les matières ont été mélangées peut en demander la division. La même question se présente ici : est-il forcé de le faire, ou peut-il choisir entre la séparation, ou des dommages-intérêts ? Quoi qu'il en soit à cet égard, les expressions du législateur indiquent, par un *a contrario* évident, que celui dont le mélange est l'œuvre ne peut demander la séparation, et doit, si l'autre propriétaire le préfère, subir le partage de la masse totale.

L'art. 574 apporte en ces termes une restriction aux principes de l'art. 573 : « Si la matière appartenant à l'un des deux propriétaires était de beaucoup supérieure à l'autre par la quantité et le prix, en ce cas le propriétaire de la matière supérieure en valeur pourrait réclamer la chose provenant du mélange, en remboursant à l'autre la valeur de sa matière. » Cet article soulève la question de savoir s'il doit s'appliquer seulement aux cas où la séparation est impossible, ou s'il faut l'étendre à ceux où elle peut avoir lieu sans inconvénient. La première décision me paraît préférable. L'article a eu pour but d'empêcher une indivision toujours fâcheuse, dans le cas où les droits de l'un seraient très-inférieurs à ceux de l'autre. Mais quand la séparation est possible, je ne vois aucune raison d'empêcher le propriétaire de la chose la moins considérable de rentrer dans sa propriété.

En expliquant l'art. 573, nous avons fait abstraction des mots suivants : « mais dont aucune ne peut être regardée comme la matière principale. » En quel sens faut-il entendre ces expressions? Il semblerait naturel, pour résoudre cette question, de se reporter aux définitions légales des art. 567 et 569. Il en résulterait que le partage des choses mélangées ne doit jamais avoir lieu lorsque l'une de ces deux choses l'emporte sur l'autre, ne fût-ce qu'en volume ou en valeur. Cette conséquence est directement contraire à la décision certaine des art. 573 et 574, qui n'admettent l'attribution exclusive en faveur de l'un des propriétaires que dans le cas où il y a une grande différence entre la quantité et le prix des matières mélangées. Il est donc certain que le mot *matière principale* est pris par notre art. 573 dans un sens plus étroit que celui des art. 567 et 569. Il est pris ici dans son sens propre et véritable, dans le sens qu'il devrait toujours recevoir en cette matière, dans le sens de l'art. 567 : la restriction de l'art. 573 doit s'appliquer seulement au cas où l'une des deux matières mélangées n'a été unie à l'autre que pour son usage, son ornément ou son complément.

Enfin il faut ajouter aux art. 573 et 574 une restriction qui n'y est pas mentionnée. C'est que, pour qu'ils soient applicables, il ne faut pas que le mélange constitue un cas de spécification : cette hypothèse est réglée par l'art. 572, dont nous avons à donner maintenant l'explication.

Il est ainsi conçu : « Lorsqu'une personne a employé en partie la matière qui lui appartenait et en partie celle qui ne lui appartenait pas à former une chose d'une espèce nouvelle, sans que ni l'une ni l'autre des matières soit entièrement détruite, mais de manière qu'elles ne puissent se séparer sans inconvénient, la chose est commune aux deux propriétaires, en raison, quant à l'un, de la matière qui lui appartenait, quant à l'autre, en raison à la fois et de la matière qui lui appartenait et du prix de la main-d'œuvre. » Rien de plus obscur que cette rédaction : essayons de poser d'abord quelques points constants. Il est incontestable que l'article ne doit pas être appliqué au cas où la main-d'œuvre dépasserait de beaucoup la valeur des deux autres matières employées, et où, par application de l'art. 571, le spécificateur serait propriétaire de la nouvelle espèce, lors même qu'il n'aurait employé que la matière d'autrui. Il me semble même certain que la décision de l'art. 571 devrait être étendue, par analogie, au cas où la main-d'œuvre et la matière appartenant à l'ouvrier formeraient une valeur très-supérieure à celle de la matière qui appartenait à une autre personne. Hors de ces deux cas, l'art. 572 doit recevoir

son application. Il distingue évidemment trois hypothèses : ou l'une au moins des deux matières est entièrement détruite, c'est-à-dire ne peut être ramenée
ad pristinam speciem (telle est évidemment l'idée qu'exprime le législateur), ou les deux matières sont réductibles *ad pristinam speciem*, mais elles ne peuvent être
séparées sans inconvénient, ou enfin elles sont réductibles *ad pristinam speciem*, et peuvent être séparées
sans inconvénient. L'article ne statue que sur la seconde hypothèse et déclare que la nouvelle espèce doit
être partagée entre l'ouvrier et le propriétaire, proportionnellement à l'élément apporté par chacun d'eux à
sa composition. En admettant cette décision pour l'une
des trois hypothèses, il l'exclut évidemment pour les
deux autres. Comment faudra-t-il donc régler la première, celle où l'une des deux matières n'est pas ré-
ductible *ad pristinam speciem?* Si la matière définitivement transformée est celle qui appartenait à
l'ouvrier, je ne vois aucun motif de distinguer cette
hypothèse de la précédente, de celle sur laquelle le législateur s'est expliqué. Si c'est au contraire la matière
dont l'ouvrier n'était pas propriétaire qui a subi cette
transformation irremédiable, l'intention du législateur
me paraît alors avoir été de consacrer dans ce cas
particulier la décision générale de Justinien et d'attribuer la nouvelle espèce au spécificateur. Dans la troisième hypothèse, dans celle où les deux matières sont
réductibles *ad pristinam speciem* et séparables sans inconvénient, la pensée de la loi est évidemment d'autoriser le propriétaire à exiger la séparation, d'admettre
la même décision que dans le cas de simple mélange.

Indépendamment de son obscurité, l'art. 572 mériterait encore d'être critiqué comme contenant des distinctions subtiles et compliquées, blâmables en tout cas, mais surtout dans une matière qui a si peu d'importance pratique et qui devrait être réglée d'une manière simple et sommaire.

Il nous reste à expliquer les art. 575, 576 et 577, qui contiennent des dispositions générales applicables aux trois genres d'accession mobilière dont nous venons de parler.

Le premier déclare que, lorsqu'une chose reste commune entre les propriétaires des matières dont elle est formée, elle doit (ou plus exactement elle peut) être licitée au profit commun.

L'art. 576 est ainsi conçu : « Dans tous les cas où le propriétaire dont la matière a été employée à son insu à former une chose d'une autre espèce, peut réclamer la propriété de cette chose, il a le choix de demander la restitution de la matière, en mêmes nature, quantité, poids, mesure et bonté, ou sa valeur. » *In terminis*, cette disposition ne s'applique évidemment qu'à la spécification. Mais par quelle idée est-elle inspirée ? Par cette idée que le propriétaire dont la chose a été transformée peut légitimement refuser de la reprendre et exiger une indemnité. Or si cette prétention est juste dans le cas de spécification, elle l'est également dans le cas de mélange ou d'adjonction. Nous croyons donc que l'esprit de l'art. 576 commande de l'y étendre, et cette opinion se confirme pour nous par cette remarque que l'art. 576 est placé entre deux articles d'une application générale, et non

pas à la suite des art. 570 à 572, qui traitent particulièrement de la spécification.

L'art. 577 n'exige aucun commentaire : nous avons
eu plusieurs fois l'occasion de l'appliquer, et nous en
avons ainsi précisé le sens en indiquant le principe
général auquel il se rattache.

Il nous resterait, pour terminer cette thèse, à examiner en droit français une question que nous avons
étudiée en droit romain, celle de savoir si l'accession
est un mode d'acquisition de la propriété; mais elle
ne peut être controversée : le législateur a eu soin
de la résoudre lui-même par une déclaration expresse.
L'art. 712 est ainsi conçu : « La propriété s'acquiert
aussi par accession ou incorporation et par prescription. »

POSITIONS.

DROIT ROMAIN.

I. Le principe *œdificium solo cedit* ne doit pas être expliqué, comme il l'a souvent été, par cette idée que le sol peut exister sans l'édifice, et que l'édifice ne peut exister sans le sol.

II. L'action *de tigno juncto* est donnée même quand le *tignum* n'est pas *furtivum*.

III. L'action *de tigno juncto*, en cas de mauvaise foi, se cumule avec l'action *ad exhibendum quasi dolo malo desierit possidere.*

IV. Elle peut être intentée même après la démolition, et, par conséquent, le constructeur ne peut s'y soustraire en démolissant et en restituant les matériaux.

V. L'exception de dol opposée par le constructeur de bonne foi au propriétaire revendiquant qui refuse toute indemnité n'a pour effet que de faire réduire la condamnation.

VI. Malgré la loi 65, *princ.*, *De rei vindic.*, le constructeur de bonne foi doit imputer sur l'indemnité qui lui est due le montant des fruits qu'il a perçus.

VII. Le propriétaire peut-il, en principe, refuser toute indemnité au constructeur, sauf à lui permettre d'enlever les travaux? Il y avait, à ce sujet, divergence entre les jurisconsultes romains.

VIII. Le constructeur de mauvaise foi, en possession de l'immeuble, pouvait-il exiger une indemnité ? Il y avait, à ce sujet, divergence entre les jurisconsultes, mais dans aucune opinion on n'admettait la prétendue fiction *donasse videtur*.

IX. Pouvait-il, l'édifice détruit, revendiquer les matériaux? Il y avait également divergence.

X. Comment peut-on concilier le § 14 de la loi 3 *Ad exhibendum*, avec les §§ 1, 6, 7 et 10 de la même loi?

XI. Comment peut-on concilier le *principium* de la loi 27, *De acq. rer. dom.*, avec le § 2 de la même loi?

XII. Comment peut-on concilier le § 28, *De divis. rer.*, aux Institutes, avec la loi 78, *De solutionibus*, au Digeste?

XIII. Les règles de la spécification sont les mêmes pour le spécificateur de bonne ou de mauvaise foi.

XIV. Comment peut-on concilier la loi 65, § 4, *De acq. rer. dom.*, avec la loi 7, § 3, au même titre?

XV. Le lit des rivières est une chose publique.

XVI. L'accession est un mode d'acquisition de la propriété.

XVII. Lorsqu'un fait contient les caractères de deux délits, les deux actions ne peuvent se cumuler, mais, suivant l'opinion la plus commune, celle qui contient le plus peut être intentée après l'autre pour l'excédant.

XVIII. Malgré la loi 49, *De neg. gestis*, il n'y a pas lieu à l'action *negotiorum gestorum contraria* au profit de celui qui a géré l'affaire d'autrui croyant gérer la sienne.

DROIT FRANÇAIS.

I. Que veut dire l'art. 553, lorsqu'il déclare que toutes constructions, plantations et ouvrages sur un terrain ou dans l'intérieur sont présumés appartenir au propriétaire de ce terrain si le contraire n'est prouvé?

II. Dans l'hypothèse de l'art. 554, les matériaux, en supposant l'édifice détruit, ne reviennent pas à leur ancien propriétaire.

III. Dans le même cas, le constructeur ne peut pas restituer les matériaux et en précompter la valeur actuelle sur l'indemnité dont il est débiteur.

IV. Dans l'hypothèse de l'art. 555, le constructeur de mauvaise foi ne peut faire entrer les intérêts de ses impenses en compensation des fruits qu'il est tenu de restituer et dont une portion est imputable aux améliorations par lui faites.

V. Dans la même hypothèse, le constructeur de bonne ou de mauvaise foi n'a, pour garantir le payement de l'indemnité qui lui est due, aucun droit de rétention.

VI. Le propriétaire peut refuser toute indemnité au possesseur de mauvaise foi, même pour les travaux que celui-ci ne peut enlever.

VII. L'usufruitier ne peut réclamer aucune indemnité pour les constructions ou plantations qu'il a faites.

VIII. La décision de l'art. 557 doit être étendue au cas où une rivière, par un mouvement rapide et sensible, se porte d'une rive sur l'autre, et laisse ainsi à sec une bande de terrain contiguë à l'une de ces rives.

IX. L'usufruitier d'un champ riverain a droit à l'alluvion et n'a pas droit aux îles, mais cette double règle est purement interprétative.

X. Dans l'hypothèse de l'art. 563, la portion de l'ancien lit attribuée à chaque propriétaire envahi doit suivre en tout la condition du champ auquel elle est substituée.

XI. L'État est propriétaire des petites rivières.

XII. Les riverains sont propriétaires des ruisseaux.

XIII. Les animaux dont parle l'art. 564 sont immeubles par nature, et appartiennent au propriétaire du lieu où ils se sont fixés, lors même que celui-ci les y aurait attirés par fraude.

XIV. Que signifie l'art. 572?

DROIT PÉNAL.

I. Le législateur a eu raison d'appliquer la même peine au crime manqué qu'au crime consommé, mais il a eu tort d'étendre la même assimilation à la tentative interrompue par des circonstances indépendantes de la volonté de son auteur.

II. Il a eu tort également d'assimiler aux auteurs du délit les simples auxiliaires.

III. Si la qualité de l'un des auteurs donne au délit un caractère particulier, les complices doivent supporter l'aggravation qui en résulte. Il n'en est pas de même si cette qualité réside dans l'un des complices, ce complice fût-il auteur intellectuel du délit.

IV. La peine de mort ne doit être appliquée, aux termes de l'art. 434, à ceux qui ont mis le feu aux dépendances d'une maison habitée ou servant à l'habitation, que dans le cas où l'objet incendié était placé de manière à faciliter la communication de l'incendie à la maison habitée.

DROIT PUBLIC ET ADMINISTRATIF.

I. La mer n'est susceptible d'aucune appropriation ni privée, ni nationale.

II. Lorsque la suppression d'une usine construite sur un cours d'eau avec l'autorisation exigée par la loi est nécessaire, l'administration qui l'ordonne ne doit aucune indemnité au concessionnaire : il n'y a aucune distinction à faire, à ce point de vue, entre les petites et les grandes rivières.

HISTOIRE DU DROIT.

I. Le droit de banalité est justicier et non féodal.

II. L'interdiction de pêcher dérivait de l'exercice du droit de banalité.

III. Les seigneurs justiciers étaient propriétaires des petites rivières.

Vu par le Président de la thèse,
DE VALROGER.

Vu par le Doyen de la Faculté,
C. A. PELLAT.

Permis d'imprimer,
Le Vice-Recteur,
CAYX.

Paris. — Imprimé par E. Thunot et Cᵉ, 26, rue Racine.